GEORG STEFAN TROLLER

Liebe, Lust & Abenteuer

97 Begegnungen meines Lebens

CORSO

Georg Stefan Troller

wurde dem deutschen Publikum bekannt
mit seinen langjährigen Fernsehserien
»Pariser Journal« und »Personenbeschreibung«.
Seitdem ist er vor allem als Autor tätig.
2014 erhielt er nach vielen anderen
Auszeichnungen den Mannheimer Schillerpreis.

Vorwort 7 // Muhammad Ali 11 // Woody Allen 12 // Romeo Allegria 15 // Arletty 17 // Uri Avnery 18 // Charles Aznavour 19 // Barbara 23 // Josephine Baker 25 // Brigitte Bardot 27 // Natalie Clifford Barney 29 // Sylvia Beach 30 // Jean-Paul Belmondo 31 // Ingrid Bergman 33 // Alain Bernardin 34 // Marlon Brando 38 // Thomas Brasch 40 // Jacques Brel 42 // Charles Bukowski 44 // Louis-Ferdinand Céline 46 // Axel Corti 47 // Coco Chanel 49 // Jean Cocteau 50 // Leonard Cohen 52 // Colette 57 // Jeanne Cordelier 58 // Salvador Dalí 59 // Jules Dassin 60 // Alain Delon 62 // Nathalie Delon 67 // Catherine Deneuve 69 // Marlene Dietrich 71 // Maître René Floriot 73 // Madame Frédérica 74 // Gisèle Freund 75 // Serge Gainsbourg 77 // Romain Gary 81 // Charles de Gaulle 84 // Valeska Gert 86 // Françoise Gilot 87 // Juliette Gréco 89 // Sacha Guitry 92 // Peter Handke 93 // Audrey Hepburn 97 // Lauren Hutton 98 // Insel Malekula 99 // Insel Samoa 101 // Curd Jürgens 103 // Alex Joseph 104 // Marcel Jouhandeau 107 //

Begegnungen

Edmond Kaiser 108 // Paul Kornfeld 111 // Ron Kovic 113 // Karl Kraus 114 // Hedy Lamarr 117 // Frieda Lawrence 118 // Auguste Le Breton 123 // Joan London 124 // Renée Maeterlinck 126 // John Malkovich 127 // Anna Magnani 131 // Hélène Martini 133 // Groucho Marx 134 // William Somerset Maugham 136 // Walter Mehring 138 // Melina Mercouri 139 // Russ Meyer 140 // Arthur Miller 143 // Henry Miller 144 // Yves Montand 147 // Jan Morris 148 // Anaïs Nin 150 // Edith Piaf 153 // Pablo Picasso 156 // Abbé Pierre 159 // Samuel Pisar 161 // Roman Polanski 162 // Laurens van der Post 165 // Ezra Pound 169 // Dory Previn 171 // Arthur Rimbaud 174 // Hélène Rochas 176 // Roberto Rossellini 178 // Arthur Rubinstein 181 // Die Kirche Saint-Séverin 184 // Jean-Paul Sartre 185 // Romy Schneider 187 // Hanna Schygulla 191 // Georges Simenon 195 // George Tabori 199 // Tierfriedhof 203 // Georg Stefan Troller 204 // Liv Ullmann 205 // Die Unbekannte 209 // Sir Peter Ustinov 210 // Doña Lucha Villa 211 // Roswitha Völz 212

Pour la Berlinoise

Vorwort

Nun habe ich noch einmal mein Gedächtnis geplündert, auch meine Notizen, Filme, verflossenen Geschichten und Fotos durchgeackert, um dieses kleine Buch zusammenzustellen. Bestimmt mein letztes (obschon ich mir bewusst bin, dieses Versprechen schon öfter gegeben, und gebrochen zu haben). So viele mehr oder weniger bedeutende Menschen muss ich also dereinst gekannt haben, gemocht, befragt, gequält, respektiert oder mich auch über sie mokiert, und manchmal alles zusammen. Mit einigen wenigen blieb ich befreundet, oder zumindest in Kontakt. Die meisten verschwanden notgedrungen aus meinem Leben, wenn auch nicht aus meiner Erinnerung. Und dann, als ich so diese Texte zusammenstellte, fiel mir ein Ding ganz besonders auf: Dass ich nämlich mit allen, oder fast allen, über die Themen gesprochen haben musste, die den Titel dieser ausgewählten Sammlung bilden.

Und warum das? Warum wollte ich unbedingt darüber Auskunft bekommen, wo es doch eine Menge anderer schöner Sachen gab, über die sie zwangloser und detailfreudiger geredet hätten? Als da sind Beruf, Karriere, Familie, Politik, Kunst, Medien und dergleichen. Ich aber musste, zu meiner heutigen Überraschung, direkt auf das Geheimfach zusteuern, das letztlich jeden Menschen definiert, also das Spiel mit dem Eros. Und dies nicht bloß zum anderen – oder gleichen – Geschlecht. Sondern zum Lebendigsein überhaupt, wie es sich Jahre hindurch ausbreitet und alles einverleibt, um dann zuletzt in immer engeren Kreisen zu enden. Danach habe ich diese Leute zumeist befragt.

Weniger aus journalistischer Neugier, scheint mir heute, als um mich selbst zu bereichern, ja zu retten. Nämlich vor den Selbstzweifeln und der Vereinsamung der vorangegangenen Jahre von Emigration und Krieg. Darum stellte ich auch meine Fragen damals mit einer Zudringlichkeit, ja Unverschämtheit, die mich heute verblüffen und die ich schon längst nicht mehr aufbringe. Auch einen winzigen Spaß habe ich mir bei meiner Auswahl erlaubt. Nämlich hier genau die Anzahl von Gesprächspartnern auszusuchen, die mit der Summe meiner heutigen Jahre übereinstimmt. Denn das sind ja die kleinen Freuden des Alters: alles in unserer Vergangenheit pedantisch einzuordnen, ihm einen passenden Sinn und Rahmen zu verleihen, es als nötig und dem eigenen Wesen entsprechend umzumodeln. Und so sind die Personen in diesem kleinen Band – mögen sie noch so viel bedeutender sein oder gewesen sein als ich – eben doch für ihren Sammler so etwas wie Bausteine seines eigenen Daseins. Denen er aber allen in Dankbarkeit verpflichtet ist. Weil ja darunter nicht ein einziger oder eine einzige zu finden war, von denen er nicht etwas Brauchbares für sein Leben und Überleben gelernt hätte.

Paris, im Frühjahr 2019

To George
Muhammad
Ali
Dec 30-73

Muhammad **Ali**

Eigentlich Cassius Clay. Amerikanischer Boxweltmeister. *In seinem Trainingscamp in Pennsylvania, am Vorabend seines Weltmeisterschaftskampfes gegen Joe Frazier. Monolog ohne Unterbrechung:*

»Ich bin Vordenker meines Volkes. Meinem Volk hat man das Gehirn gewaschen, bis sie alles weiß sehen. Christus ist für sie ein Weißer. Die Engel im Himmel sind schneeweiß. Miss America, nie eine Schwarze. Was ist da los? Tarzan, der König des Dschungels, schwingt sich in Windeln durch den Urwald, ein Weißer beherrscht Afrika. Der Präsident sitzt im Weißen Haus, du gehst ins Paradies wie ein weißes Lämmchen, dort spazierst du auf der Milchstraße! Sie verstehen mich? Ja, das sind eben Gedanken, bravo Ali! Aber wenn mich jemand verleumdet, macht er mich schwarz, ja? Schwarz, die Farbe des Bösen, kapiert? Nicht jeder versteht es.

Und dabei gehen die Wünsche Ihrer Frauen doch in ganz andere Richtung, nicht wahr? Haben Sie eine Ahnung, wie viele weiße Frauen sich mir anbieten? Nicht weil ich ein Weltmeister bin oder weil ich so schön bin. Sondern weil sie in uns den ungezähmten Wilden ersehnen, der sie beglücken kann, wie nie eine Frau beglückt worden ist. Große Universitäten haben mich eingeladen, dort darüber zu sprechen. Vielleicht werde ich Professor von Oxford, das liegt in England, wissen Sie das?«

Woody **Allen**

Eigentlich Alan Konigsberg, zu diesem Zeitpunkt Filmautor seines ersten großen Erfolges:»Was Sie schon immer über Sex wissen wollten aber nicht zu fragen wagten«. Im Beverly Hills Hotel, beim Tippen eines neuen Drehbuchs:

Woody, warum machen Sie beim Schreiben ein so verzweifeltes Gesicht?
»Glauben Sie, es ist ein Spaß, lustig zu sein?«

Bringen Sie sich je selbst zum Lachen?
Oder womit sonst?
»Vom Aufstehen bis zum Schlafengehen denke ich hauptsächlich an Sex und Sterben. Manchmal sogar in dieser Reihenfolge. Nicht dass ich den Tod fürchte. Ich möchte nur nicht dabei sein, wenn es passiert.«

In Ihrem Film spielen Sie selbst ein dickes Sperma, das mit anderen ungeduldig auf den Moment der Ejakulation wartet. Endlich der Höhepunkt, Sie alle werden auf einem roten Teppich hinweggeschwemmt. Wohin, sieht man nicht.
»Sie streben eben der Wiedervereinigung zu, ganz wie ihr Deutschen. So wie alle Kontinente einmal eine einzige Landmasse waren. Und alle Menschen ein einziger Leib, nämlich Adam, bevor Eva aus ihm hervorkroch.«

Und wenn es diesen Antrieb nicht mehr gibt?
»Dann stirbt die Menschheit aus, richtig. Darum tue ich ja mein Möglichstes, dass sie nicht ausstirbt.«

Sie gelten als großer Benutzer der Psychoanalyse. Wären Sie gerne Dr. Freud gewesen?
»Nein, ich sah mich immer als Patient, nie als Doktor.«

Ahmt für Sie die Kunst das Leben nach, oder umgekehrt?
»Das Leben ahmt eine schlechte Fernsehserie nach. Würde es die Kunst nachahmen, so wäre es reichlich interessanter. Leider ist es zu dumm dazu.«

Gehen Sie überhaupt noch manchmal auf die Straße?
»Möglichst selten. Denn da wird man ja dauernd angesprochen von Leuten, die einem sagen: ›Wissen Sie was ich wirklich liebe? Ihre allerersten ulkigen Filme.‹ (Erinnert mich an ähnliche Ansprache in Deutschland betreffs »Pariser Journal«.) Also lieber weg von der Straße. Ohnehin bin ich lebenslang auf der Flucht vor einer Überdosis Realität.«

Also diese ganzen Frauen in Ihrem Leben sind nur so etwas wie Erscheinungsformen?
»Sie sind immerhin die einzige Realität, die ich anerkenne.«

Heißt das, dass Sie sich selbst nicht als real empfinden? Mit anderen Worten, sich nicht mögen?
»Sehen Sie, in der Bibel steht ja: Liebe deinen Nächsten wie dich selbst. Was aber, wenn man sich selber nicht besonders liebt?«

Romeo **Allegria**

Mexikanischer Amerikaner, vom »Volk von Texas« zu lebenslänglicher Haft verurteilt. Bei einem »Knastrodeo« im Zuchthaus von Huntsville:

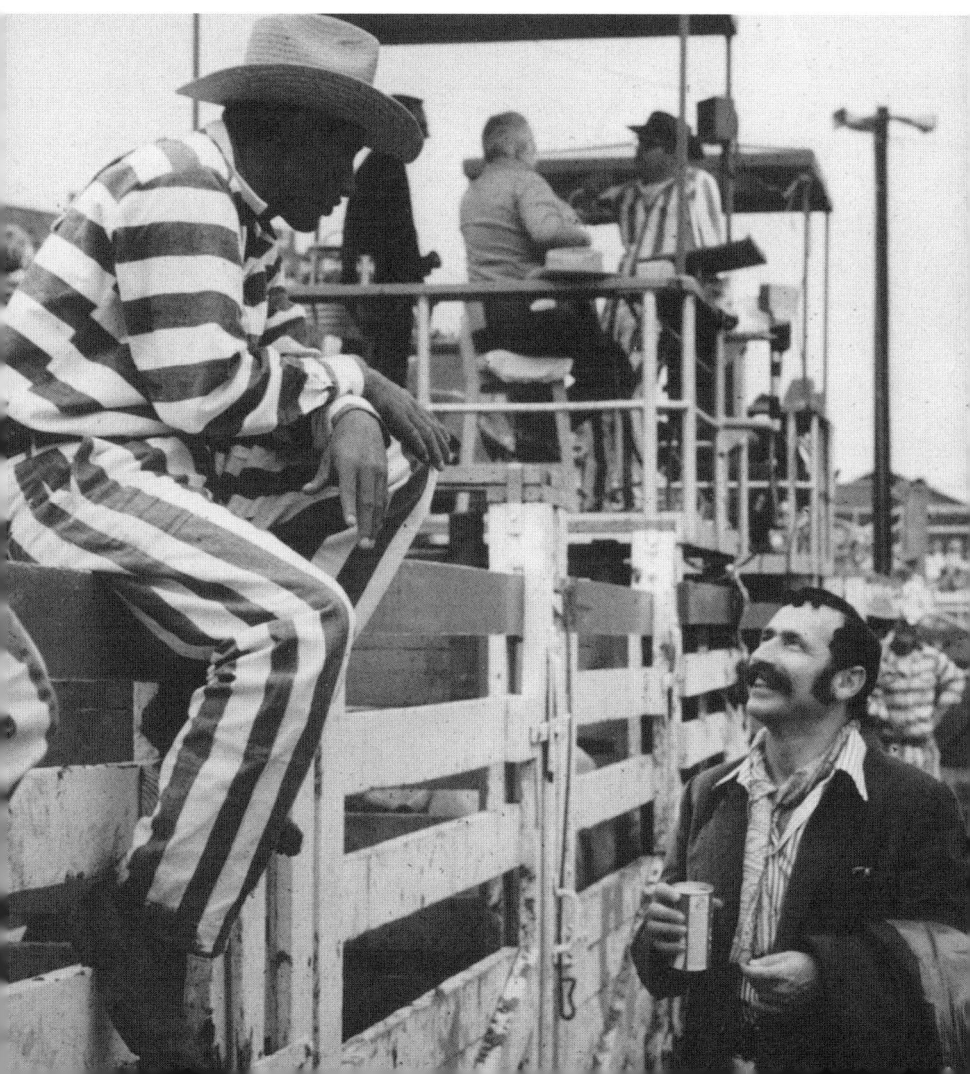

»Warum ich die Frau vergewaltigt habe, die ohnehin als Wander-hure kenntlich war? Und das noch dazu mit einer Colaflasche? Ich weiß es selber nicht. Ehrlich. Wir waren alle stockbesoffen. Wieder ein verlorenes Wochenende, wie Millionen vorher. Und dann auf einmal diese Frau auf der Landstraße. Wir haben uns einfach gemeinsam auf sie geschmissen.«

Sie hätten sie ja zur Not auch umsonst haben können? Oder für einen Dollar?
»Ja, das stimmt. Aber wir wollten sie ja gar nicht umsonst haben. Vielleicht wollten wir sie überhaupt nicht. Nur uns rächen. Für was? Für unser Scheißleben. Für alle diese verlorenen Wochen-enden, Jahre.«

Waren Sie zu der Zeit auch schon homosexuell?
»Zu der Zeit nicht. Jetzt, wer weiß das? Aber das alles betrifft ja nur den Körper. Die Seele darf wandern. Meine Seele ist frei wie ein Vogel. Ich komme auch bestimmt bald heraus aus diesem Käfig.«

Nachher Gespräch mit dem Anstaltspsychologen:
»Potentieller Aufwiegler und Mörder. Zwingt Neuankömmlinge zu Geschlechtsverkehr. Zerrüttete Familienverhältnisse. Flucht-verdacht, daher Verwahrung in Hochsicherheittrakt beantragt. Vorzeitige Entlassung nicht zu empfehlen.«

Das Volk von Texas darf wieder aufatmen.

Arletty

Französische Schauspielerin – »Kinder des Olymp« u. a. Am Seine-Ufer, wohin wir sie, da jetzt blind, in unserem eigenen Wagen hinge-bracht haben. Erzählt von ihrer Karriere, auch unter der deutschen Besatzung; und dass sie nachher angeklagt wurde, wegen eines Verhältnisses mit einem höheren deutschen Offizier. Erwähnt auf Drängen den klassischen Satz, mit dem sie damals Berühmtheit erlangt hat:

»Mein Herz gehört Frankreich, aber mein Arsch gehört mir!«
(Mon cul est à moi!)

Uri **Avnery**

Geborener Ostermann aus Westfalen, israelischer Linker. Gespräch am dritten, gefährlichsten Tag des Jom-Kippur-Krieges:

»Was wir brauchen ist ein Ausgleich mit der arabischen Welt, nicht ein neuerlicher Sieg. Aber jetzt müssen wir siegen, das ist klar. Was wollen Sie, ein Land ohne Hinterland darf gar keine Kriege verlieren. Hitlers Großdeutschland konnte abspecken und blieb doch immer noch die Bundesrepublik. Aber was bleibt, wenn wir abspecken? Der Badestrand von Tel Aviv?«

Charles **Aznavour**

Eigentlich Aznavourian. Französischer Chanson-Autor und Sänger. Gespräch vor seinem Auftritt, hinter der Bühne der Olympia Music Hall:

Charles, Sie haben über 800 Chansons geschrieben, ein Weltrekord. Für die Gréco, die Piaf und andere Größen, und auch für sich selbst. Zusammen vielleicht eine Milliarde verkaufte Discs. Trotzdem gehen die meisten Ihrer Lieder traurig aus. Warum?
»Soll ich Ihnen etwas beichten? Ich besitze alles. Einen Gutshof bei Paris. Einen Reitstall. Drei Musikverlage, eine Plattenfirma. Eine Künstleragentur. Einen Rolls-Royce samt Chauffeur. Sogar mein eigenes Nachtlokal habe ich. Und die Wahrheit ist: Ich sammle Dinge, weil mir etwas fehlt. Und warum fehlt es mir? Weil ich trotz aller Erfolge mein Selbstgefühl von anderen beziehe. Also vom Publikum und von den Frauen. Ich hoffe, Sie formulieren das nicht zu unfreundlich.«

Wie ist das also mit den Frauen?
»Ja, die fahren alle auf meine Stimme ab, das ist sehr schön, aber es bringt mich nicht zum Lieben. Was sie nicht wissen: Dass ich aus irgendeinem Grund nur Blonde lieben kann, ich meine echte Blondinen. Und die sind nun mal rar in Frankreich. Nur die künstlichen, die gibt's an jeder Straßenecke. *(PS: Er hat seitdem sein Eheglück mit Ulla, einem schwedischen Model, gefunden.)* Übrigens, mit Glück kann man ohnehin nichts anfangen als Komponist. Glück hat nur eine Note, Unglück tausende.«

19

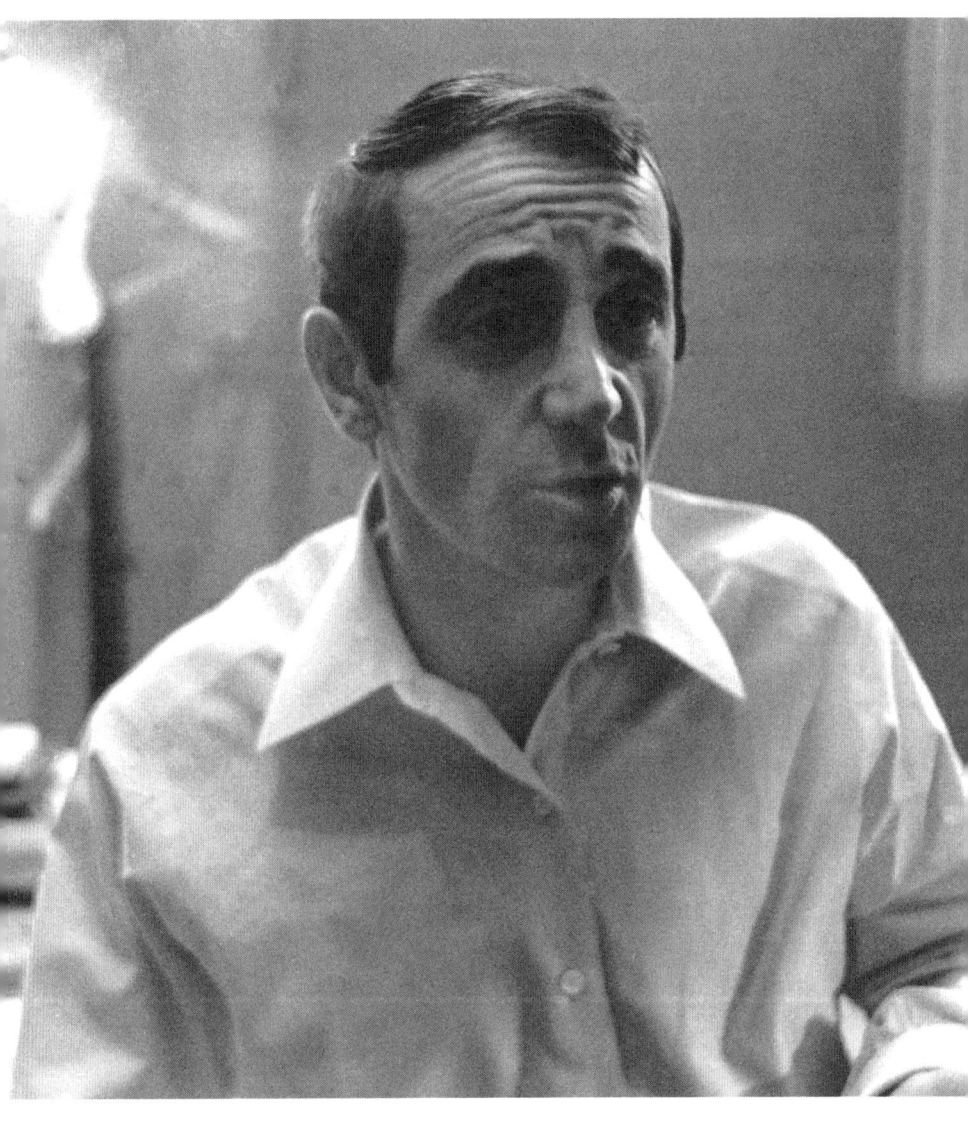

Und wie war das mit Edith Piaf?
»Auch kein Glück. Sie mochte ja keine kleinen Männer. Jeder Mensch sucht eben in der Liebe das was ihm abgeht, was ihn ergänzt, voilà le problème. Ich war acht Jahre lang Ediths Sekretär, Fahrer und Mädchen für alles, ohne je ihr Bett zu teilen.«

Immerhin soll sie Ihnen eine Nasenoperation spendiert haben, ohne die Sie Ihre Karriere nie hätten starten können?
»Edith war geradezu irrsinnig freigebig, deswegen hinterließ sie auch nichts wie Schulden … Sie nannte mich immer ›mon salaud‹, mein Schurke, aber sie traute mir absolut. Und ich war der Einzige, der bei Tisch nicht das Gleiche bestellen musste wie sie, ein Riesenkompliment!«

Sie war aber auch eine große Liebende?
»Sie konnte lieben wie keine, solange man nur über einsachtzig groß war. Und leider jeweils nur sehr kurzfristig. Immer wieder präsentierte sie uns einen Neuen: ›Das ist von heute an der Patron!‹ Und dann flüsternd zu mir: ›Hoffentlich hält der über den Winter.‹ Dann bekam er sein goldenes Feuerzeug verpasst, seine goldene Uhr von Cartier, seine Krokoschuhe. Und natürlich seinen blauen Anzug. Und ob Sie es glauben oder nicht: Einmal hat diese Schmetterling-Sammlerin acht blaue Anzüge zu einem einzigen Diner zusammengebracht, acht!«

Barbara

Französische Chansonautorin und Sängerin. Im Pariser Café de Flore:

»Es gibt drei Berufe, die einander ähneln: Nonne, Hure, und das was ich mache.«

Sie haben auch ein deutsches Chanson geschrieben, es heißt »Göttingen«. Wie kam es dazu?
»Ich wurde von einem Studentenbund in der Stadt Göttingen zum Singen eingeladen. Ich wollte nicht hin. Nur die schlechtesten Erfahrungen mit den Deutschen ... meine Herkunft ... meine Familie ... Sie verstehen. Und dann waren die von einer überwältigenden Herzlichkeit, nein Freundschaft zu mir. Da schrieb ich das kleine Chanson, dass die Liebe überall gleich ist, in Paris und in Göttingen.«

Sonst gehen Ihre Liebeslieder aber zumeist unglücklich aus?
»Die Liebe ... die Liebe ist doch ihr eigener Lohn. Wer liebt, der hat schon keinen Anspruch mehr auf etwas sonst. Am wenigsten auf Gegenliebe.«

Es kommt aber vor?
»Es kommt vor. Manche Leute gewinnen auch bei der National-Lotterie.«

Und das Glück?
»Das Glück ... das ist doch nur ein Leid, das sich einen Augenblick ausruht ...«

Josephine **Baker**

In den Zwanzigerjahren des vorigen Jahrhunderts amerikanische Nackttänzerin. Jetzt Abschiedsvorstellung als Chansonsängerin in der Pariser Olympia Music Hall:

Madame Baker, wann sind Sie zum ersten Mal hier in Paris aufgetreten?
»Ich glaube es war 1925, mit einer ›Revue Nègre‹. Bekleidet nur mit einem falschen Bananengürtel, und sonst nichts.«

Und wie war der Empfang beim Publikum?
»Draußen auf der Straße haben sie skandiert: ›Schluss mit der Negromanie, der Negrophilie, der Negrokratie!‹«

Und im Saal?
»Sensationell! Der französische Dichter Blaise Cendrars schrieb: ›Endlich hat die Erotik ihren Stil gefunden!‹ Dagegen Ihr deutscher Dichter Graf Kessler: ›Man denkt bei ihr an Erotik so wenig wie bei einem schönen Raubtier‹ … Jeder findet eben das Seine. Monsieur Simenon hat bei mir das Seine gefunden. Und so viele andere, dass ich die Namen vergesse.«

Und was meint man heute zu Ihnen?
»Ach heute … heute sagen die Väter zu ihren Söhnen: ›Nein, du darfst nicht zur Baker. Wie ich so alt war wie du, durfte ich auch noch nicht zur Baker!‹«

Brigitte **Bardot**

Französische Schauspielerin, Tierschützerin, Modell der »Marianne« auf einer französischen Briefmarke. Getroffen beim Künstlerausgang der Olympia Music Hall und sehr in Eile:

Madame, was war der schönste Tag in Ihrem Leben?
»Es war eine Nacht.«

Was macht Sie am meisten bei einem Mann an?
»Seine Frau oder Geliebte. Um ihr eins auszuwischen.«

Warum tragen Sie nie Lippenstift?
»Das hinterlässt Spuren.«

Welches war die dümmste Frage, die man Ihnen je gestellt hat?
»Diese.«

Natalie Clifford **Barney**

Zusammen mit Sylvia Beach und Gertrude Stein die dritte der lesbischen amerikanischen Salondamen, bei denen über Jahrzehnte hinweg das literarische Paris verkehrte. In ihrem historischen Landhaus an der Rue Jacob:

»Ich habe von meinen Vorfahren in Neu-England zwei Gaben mitbekommen, deren Verbindung schon lange nichts mehr gilt: Daring and manners – Wagemut und Lebensart.«

»Wir sind begrenzt von allem, das wir nicht fühlen.«

»Wie viele Frauen wären liebenswürdiger, wenn sie mehr geliebt würden.«

»Der Vorteil der Liebe auf den ersten Blick ist, dass er den zweiten hinausschiebt.«

»Ich habe vielleicht mehr aus meinem Leben herausgeholt, als in ihm war.«

»Alter schützt vor Liebe nicht. Aber Liebe schützt manchmal vor dem Altwerden.«

Natalie selbst hat eine lebenslange Beziehung mit der Malerin Romaine Brooks zerbrechen lassen, als sie sich mit über siebzig neu verliebte.

Sylvia **Beach**

In den Zwanzigerjahren des vorigen Jahrhunderts Pariser Buchhänd-
lerin und Herausgeberin des »Ulysses« von James Joyce. Im Krieg
geflohen. In den Sechzigerjahren kurzfristig aus Amerika nach Paris
zurückgekehrt. Empfang im American Center, Rue du Dragon:

»Wie Joyce mit seinem ›Ulysses‹ fertig war, traf ich ihn stockbesoffen auf meiner Treppe. Er trank ja nie. ›Mister Joyce‹, fragte
ich – er bestand immer auf diese Anrede – ›ist etwas los?‹ – ›Ach,
eben sitze ich vor den Korrekturen des Schlussmonologs, dem mit
den vielen *Yes* von der Frau, die sich hingibt. Und gerade da kommt
meine eigene Frau Nora herein, guckt mir über die Schulter und
schreit: Du Schmutzfink, du verdammter Schmutzfink! Mehr von
dem Buch will ich im Leben nicht mehr lesen!‹ Dabei beruhte
ja das Verhältnis der Joyces auf der schamlosesten Sexualität. Ich
glaube, ihr Briefwechsel ist bis heute nicht publizierbar.«

Jean-Paul **Belmondo**

Beliebtester und bestbezahlter Schauspieler Frankreichs, nach der
Vorstellung des »Cyrano« im Théâtre du Rond-Point:

»Jeden Morgen sehe ich mein Gesicht im Rasierspiegel. Ein Gesicht, das, sagen wir, eher den Stempel der Wahrheit trägt als den
des Seelenadels. Dann vergesse ich mein Gesicht. Dann vergesse
ich mich für den Rest des Tages. Und lasse die Dinge an mich
herankommen. Und vertraue dem Leben, dem Glück, dem Zufall. Wer dem Glück vertraut, zu dem kommt es gelaufen. Wer
das Glück mit Gewalt packen will, dem rennt es davon.«

»Das ist der Widerspruch des Schauspielers: Je weniger er zu spielen scheint und bloß sich selber herausstellt, als desto größerer
Schauspieler gilt er. Und desto mehr kriegt er bezahlt.«

31

Ingrid **Bergman**

Schwedische Filmschauspielerin. Im Hotel Raphael, Paris:

Sie haben an die fünfzig Filme gedreht, darunter unvergesslich »Casablanca« mit Humphrey Bogart. Was wünschen Sie sich jetzt noch?
»Einen Filmpartner, bei dem ich mir, wenn es zur Kuss-Szene kommt, nicht erst meine eleganten hochhackigen Schuhe ausziehen muss …«

»Wenn ich mich morgens vor dem Spiegel zurechtmache, dann geniere ich mich schon für mein Gesicht. Das bei einer Schauspielerin? … Ich bin nicht edel sondern bourgeois … Ich hatte das Glück, fast immer mit großen Regisseuren zu arbeiten, weil andere ja nicht fähig gewesen wären, meine angeborene Gehemmtheit und Scham zu überwinden.«

Dazu später ihre Tochter Isabella Rossellini:
»Da drehte ich diesen berüchtigten Film ›Blue Velvet‹, in dem ich mich splitternackt einem Sadisten ausliefern muss, mit dem entsprechenden obszönen Vokabular. Und ich bat Mama, nicht hinzugehen, es würde ihr den Magen umdrehen. Aber Mama sagte bloß: ›I know fuck‹, und marschierte hinein ins Kino!«

Alain **Bernardin**

Gründer und Leiter des angesagten Pariser Striplokals »Crazy Horse«, in der Probenpause:

»Das ideale Mädchen für mich: 1,65 bis 1,72 Meter groß. 50 Kilogramm schwer. Der Nasenwinkel zur Stirn nicht mehr als 35 Grad. Und so, dass man auch von vorne einen Ansatz der Nasenlöcher zu sehen bekommt. Das lasse ich mir notfalls eine Schönheitschirurgie kosten. Die Brust fest, aber nicht zu hoch. Der Brustumfang so lang wie der Umfang des Brustkorbs plus 13 cm. Gestreckter Rücken. Der Popo klein und fest, zwei perfekte Kreise. Dann, zwischen Brust und Nabel, muss es sehr lang sein. Dafür zwischen Nabel und Schenkel möglichst kompakt. Der Abstand zwischen Nabel und Fuß, dividiert durch den vom Nabel zum Kopf, soll dem Goldenen Schnitt entsprechen, also eins zu 1,618. Sehen Sie sich die klassische Malerei daraufhin an und Sie haben genau diese göttlichen Proportionen.«

Mit solcher Perfektion allein würden aber Ihre Tänzerinnen bloß abstrakt und fremd wirken wie ein Gemälde. Woher kommt dann ihre Anziehungskraft?
»Natürlich ihre körperliche Präsenz. Ihr Kontakt mit dem Publikum. Ihre Bewegungen. Die magische aber keineswegs aufreizende Musik. Das Hypnotische der ganzen Szene. Jede der Tänzerinnen spielt eine Rolle, allein für sich. Es sind Traumgestalten, die sich da enthüllen, wie der Mond aus den Wolken tritt.«

Monsieur Bernardin, mir scheint Sie sind ein Träumer, der gleichzeitig ein Bombengeschäft macht. Wie reimt sich das zusammen?

»Nur Träumer machen Bombengeschäfte, wissen Sie das nicht?«

…

Striptease gilt ja als Männersache. Wieso haben Sie dann so viele Frauen im Publikum?

»Glauben Sie mir, der Striptease regt die Frauen auf. Natürlich nicht sexuell, außer es sind Lesben, aber jede Frau wird vom Körper einer anderen Frau … sagen wir beunruhigt, verwirrt. Nicht von dem eines Mannes, außer bei Stierkämpfern oder so. Beim Mann erregt sie vielleicht seine Stimme, seine Willensstärke, die Kraft seiner Gefühle, seiner Begierde. Ein männlicher Striptease ist absurd.«

Ist es vielleicht so, dass jede Zuschauerin sich mit den Gestalten da oben insgeheim identifiziert?

»Kann sein. Aber da ist noch was Höheres. Die Frau empfindet ja ihren Körper als Mysterium, schon wegen des Kindes. Ein Mann, der sagt sich: Hier ist mein Körper, und hier ist mein Geist, Punktum. Eine Frau niemals. Für sie ist Körper und Seele eins.«

Nach dem Interview mit Bernardin folgt hinter der Bühne ein Gespräch mit Bertha von Paraboum und Natascha von Tourmanoff – alle Bühnennamen werden von Bernardin erfunden:

Sehen Sie das, was Sie tun, als künstlerische Arbeit an?
»Doch, das würd ich schon sagen.« »Ich auch.«

Ist es ein Beruf oder eine Berufung?
»Beides. Man muss gewisse Voraussetzungen, die muss man schon mitbringen, nee?«

Zum Beispiel?
»Nu ja, vorne und hinten muss alles stimmen, da darf es nicht also schwabbeln sozusagen. Auch wenn man in einer unmöglichen Position dasteht. Das muss zum Hinfummeln muss das schon locken, verstehen Sie?«

Und sonst?
»Das also, das gewisse Seelische halt, wie man so sagt, das muss auch hinhaun.«

Wie meinen Sie das?
»Das Publikum muss fühlen, dass was vorgeht in dem Mädchen. Dass da nicht bloß ein Stück Fleisch ist, wo sich bewegt. Sie muss was ausstrahlen halt.«

Was denn? Können Sie das definieren?
»Sie muss sug-suggerieren, jeder einzelnen Person im Raum, dass sie eigens für sie da ist. Sind ja doch meistens Paare, was da ankommen. Die beiden haben also dann anschließend ne schicke Nacht miteinander. Und zwee Tage später ist alles wieder beim Alten. Und sie hat wieder ihr Flanellnachthemd an und Lockenwickler. Wie ehm das Leben so ist. Aber das eine Mal, das hamse gehabt.«

Marlon **Brando**

Amerikanischer Schauspieler. In der Wohnungstür des Pariser Kollegen, bei dem er zu Besuch weilt:

»Ich gebe Ihnen eine Frage, mehr nicht.«

Mister Brando, Sie haben gleich mit einer Ihrer ersten großen Rollen, dem Stanley in »Endstation Sehnsucht«, einen weltweiten Erfolg verbuchen können. Was fehlt Ihnen jetzt noch zum Glück?
»Warum meinen Sie, dass mir etwas fehlt?«

Ich weiß nicht … Vielleicht Ihre Haltung, Ihr Gesichtsausdruck …
»Nun ja, es stimmt, ich habe alles, was man zum Glücklichsein braucht: Geld, Liebe, Sex, Ansehen … Und wissen Sie welches meine Lieblingsrolle war? Die als Krüppel in dem Film »Die Männer«. Und warum? Vielleicht weil ich da mehr bei mir selber sein konnte. Identisch mit mir selbst. Komisch, nicht?«

Thomas **Brasch**

DDR-Schriftsteller, nach Westberlin übergewechselt. Sieht aber den Westen fast noch skeptischer als die Kommunisten, die ihn zu jahrelanger Fabrikarbeit verurteilten. In einer Berliner Wohnung:

»Ich lasse mich doch nicht von Ihnen konsumieren! Ich weiß doch, dass Sie hier bloß einen Werbefilm drehen, wahrscheinlich für Mercedes-Benz … Und ich soll sagen, das ist meine Lieblingsmarke, dann kriege ich einen gratis, stimmt's? … Warum wollen Sie unbedingt wissen, wie ich mich fühle? Ich frage Sie ja auch nicht, wie Sie sich fühlen …«

»Ja, das ist meine Schreibmaschine. Ich schreibe eben mit einer Schreibmaschine, wir Ostler sind ja alle soo zurückgeblieben … Ich soll etwas darauf für Sie dichten? Gut, ich dichte!«

Schreibt:

»Bei mir ist ein Herr T., für den soll ich auf Befehl dichten. Ist es recht so?«

Legt Musikplatte auf, wagt ein kleines Tänzlein mit Freundin Katharina Thalbach. Dann wütend:

»Sie geben mir jetzt eine schriftliche Bestätigung, dass diese Szene nicht in Ihren Film kommt. Wär ja noch schöner: Dissident Brasch tanzt vor Freude, dass er jetzt im kapitalistischen Ausland sein darf!«

Erklärt sich endlich zu einem Interview bereit. Darin der Kernsatz:

»Für mich ist Ihr Fernsehen nichts als ein großes Restaurant. Die Zuschauer sind die Gäste, Sie sind der Kellner, und ich …

ich bin das Schnitzel. Hoffentlich wird es wenigstens so zubereitet, dass es schmeckt.«

Einen Monat später Eintreffen der beiden in Paris – auf unsere Kosten – und Besuch im Schneideraum. Daraufhin Katharina: »Sowas Gutes hätte ich Ihnen eigentlich gar nicht zugetraut.« Weiß nicht ob ich lachen soll oder weinen.

Jacques **Brel**

Flämischer Chansondichter und Sänger, bei seiner letzten Tournee. Auftritt in der Pariser Salle Wagram:

Singt:
»Da saßen wir mit unseren zwanzig Jahren. Jojo hielt sich für Voltaire, Pierre für Casanova. Und ich, der Arroganteste, hielt mich für mich selbst.«

Dann hinter der Bühne:
»Die Tournee hat noch gar nicht angefangen, und ich fühle mich schon wieder wie im Käfig. Wie seinerzeit in der väterlichen Pappendeckelfabrik ... Nein, es macht mir nichts aus, alt zu werden. Aber ich will nicht alt werden als der Brel von gestern.«

Jacques, man sagt, Sie wollen nicht mehr auftreten. Weil sie es satt haben. Weil Paris Sie mehr bewundert als liebt. Weil Sie unheilbar krank sind. Wo liegt die Wahrheit?

»Es bestand eben die Versuchung, zu einem Star zu werden. Das heißt, dass man genügend Metier besitzt, um den Leuten etwas vorzumachen. Gefühle, die nicht echt sind. Der Künstlertod! Man muss aber immer wissen, wann es Zeit ist Schluss zu machen, in der Liebe und auch sonst. Vom Spieltisch aufstehen und sagen: Schönen Dank, und ich gehe jetzt …!«

»Natürlich gehört dazu eine Menge Mut. Man darf bloß seiner Angst nicht aus dem Weg gehen. Man muss sich ihr stellen. Hau ab Angst, verschwinde. Ein Mensch ist nur so viel wert wie seine Courage. Ich kenne keinen anderen Maßstab.«

Am nächsten Abend, nach langer Überlegung, Anruf bei Madame Brel in Brüssel. Nein, Jacques habe sie seit vielen Monaten nicht mehr gesehen. Nein, nach Paris würde sie nicht kommen, außer wenn Jacques sie dazu auffordert. Und dann, auf meine diesbezügliche Frage (diese Unverfrorenheit würde man später nicht mehr aufbringen): »Natürlich liebe ich ihn noch. Kennen Sie irgendeinen Menschen, der Jacques nicht liebt?«

Brel, seit Jahren an Lungenkrebs erkrankt, kauft sich ein Segelboot und segelt monatelang mit fünf Kumpanen um die Welt. Lebt zuletzt mit der Tänzerin Madly auf der Insel Hiva-Oa in den Marquesas-Inseln. Liegt dort begraben, neben diesem anderen Abenteurer, Paul Gauguin.

Charles **Bukowski**

Amerikanischer Autor, Genie, Krakeeler, Penner. In seinem Haus in Los Angeles:

»Ich glaube, es war mein deutscher Vater, der mich dazu brachte, ein Penner zu werden. Ich beschloss, wenn ein solcher Kotzbrocken reich sein will, dann will ich arm sein …«

»Schreiben? Ich setze mich einfach hin zum Schreiben, und schon kommt es. Ich fotografiere einfach den ganzen alltäglichen Scheiß um mich herum, den normalen Wahnsinn … Alles Übrige fällt mir schwer. Leben zum Beispiel.«

Dann im Drugstore beim Einkauf von Playboy und Hustler:
»Ich mag die Beine. Ich bin eben ein Bein-Typ. Du bist ein Busen-Typ? Ich verstehe euch Leute nicht. Beine sind doch das einzig Wahre.«
Griff nach der Bierflasche:
»Die alten Griechen nannten den Wein das Blut der Götter. Und hier mein Bier ist wahrscheinlich die Pisse der Götter, auch recht.«
Danach mit Blick auf seine Freundin Linda:
»Wir haben hier eine Regel: Don't try! Zwing dich nicht! Lass das Leben herankommen! Ist wie beim Schreiben. Oder beim Sex. Ist eine gute Regel rundum.«

Schließlich beim Abschied:
»Der Tod ist süß. Wie der Punkt eines Satzes. Nichts, wovor man sich graulen soll. Ich selbst glaub' ja nicht an Gott. Aber ich fürchte mich nicht vor dem, was kommt. Ich hab' so hart gelebt. Bin so müde, dass ich bereit bin fürs nächste Kapitel. Weißt du, worauf alles hinausläuft? Ich werd's dir sagen. Du liegst in irgendeinem Bett, auf einer verdammten Pritsche, was weiß ich. Und denkst: Es ist trotzdem okay. Alles in Ordnung. Du bist da, wo du sein musst. Alles ist wie es ist. Du bist gekommen und gegangen. Hat alles seine Richtigkeit. Alles. Das Spiel ist fair, die Zeit ist fair. Und du bist endlich im Mittelpunkt von dir selber.«

Louis-Ferdinand **Céline**

Eigentlich Destouches. Französischer Schriftsteller. Zu mir als kleiner Junge in Wien, vor der Wohnung von Sigmund Freud:

»Die Traumdeuter siegen über die Träumer – das wird letztlich das Resultat der kommenden Kriege sein.«

Dann dreißig Jahre später bei einem zufälligen Zusammentreffen in der Pariser Brasserie Lipp:
»Alle die mich bestohlen haben, sind heute Ritter der Ehrenlegion. Früher hat man die Diebe ans Kreuz gehängt ... heute das Kreuz an die Diebe.«

Axel **Corti**

Österreichischer Filmregisseur, für den ich fünf Drehbücher schreiben durfte. Darunter die drei für die Emigranten-Trilogie »Wohin und zurück«. Er starb während der Dreharbeiten zu Joseph Roths »Radetzkymarsch«. Hier seine Frau Cecily Corti mit der ihr eigenen Klarheit über Axels letzte Stunde:

»Er war bis zum Tag vor seinem Tod bewusst. Es war sehr bewegend, wie treu er sich in diesen Tagen geblieben ist, in diesem Prozess des Abschiednehmens. Und des Einverstandenseins, seinen Film nicht beenden zu können, das nicht mehr zu vollbringen ... Ich glaube, er konnte ruhig gehen. Er hat etwas von dem Frieden, den er sich immer ersehnte, erleben können in diesen letzten Stunden.«

Coco **Chanel**

Eigentlich Gabrielle Chasnel, französische Modemacherin. In ihrem Salon in der Rue Cambon:

»Wer ist denn Don Juan: ein Mann, der sich durch unaufhörliche Verführung seine eigene Männlichkeit bestätigen muss.«

»Die wichtigsten weiblichen Tugenden? Dass sie weiblich sind. Und nicht männlich. Früher haben die Frauen auf ihrem eigenen Boden gekämpft. Da war jede Niederlage auch ein Sieg. Heute kämpfen sie auf dem Boden der Männer. Da ist jeder Sieg auch eine Niederlage.«

»Das Geheimnis meines Erfolges … und vielleicht der Zivilisation überhaupt, gegenüber der erbarmungslosen Technik: Man hat Erfolg nur mit dem, was einem niemand beibringt …«

»Es gibt sicher intelligente Frauen, aber nicht beim Couturier. Jede würde ihre Seele für ein schönes Kleid verkaufen.«

Sie sind keine große Bewunderin der Frau?
»Hören Sie, man muss einfach von den Frauen gelebt haben, um sie zu kennen … Die meisten Frauen verstecken ihre Fehler, anstatt mit ihnen zu spielen. Wer seine Fehler mit List einsetzt, bekommt alles!«

Und die Tugenden?
»Die muss man verstecken. Aber so, dass jeder merkt, sie sind da …«

»Die Natur schenkt dir dein Gesicht mit zwanzig. Das Leben mit dreißig. Aber mit fünfzig hast du das Gesicht, das du verdienst.«

Jean **Cocteau**

Französischer Autor, Filmemacher und Alleskönner. Mit besticktem Kostüm und selbstentworfenem Degen auf der Vortreppe der Académie Française, in die er eben hineingewählt wurde:

»Das was man an dir missbilligt, das pflege. Es ist dein eigentliches Selbst.«

Dann in seiner »koketten« (d. h. winzigen) Wohnung am Pariser Palais Royal:
»Hier meine Wohnung gehörte einst dem Genfer Bankier, der mit seinem Geld Napoleon finanzierte, ja seine Figur geradezu

erfunden hat … Drüben, neben dem Restaurant Grand Véfour, gab es einen Spielsaal, in dem Ihr Marschall Blücher nach der Schlacht von Waterloo sechs Millionen verlor. Kein Wunder, dass er auf Frankreich nie gut zu sprechen war … Helden! Wenige möchten es sein, aber viele gewesen sein.«

Dann auf seine Bücherwand weisend:
»Was der Leser wirklich will, ist, sich selber zu lesen. Indem er liest, was ihm zusagt, meint er, er hätte das selbst schreiben können. Ein erhebendes Gefühl.« (*Diese wunderschönen Sätze hat er natürlich längst vorbereitet, ja, da er sie auf Deutsch vortragen will, an die Rückseite seiner Möbel geheftet.*)
»Man schuldet den Klugen die Wahrheit, aber dem Dummkopf die Lüge.«

Schließlich, über die Liebe befragt, die in seinen Werken – wenn auch verschlüsselt – nie fehlen darf:
»Lieben und Geliebtwerden ist das Ideal. Vorausgesetzt, es handelt sich um die nämliche Person.«

Und über das Alter:
»Früher hat man gesagt: Was, ist der wirklich schon so alt? Jetzt sagt man: Wieso, der war doch noch gar nicht so alt.«

Einige Jahre später treffe ich Cocteau beim Ausmalen seiner Kapelle in Saint-Jean-Cap-Ferrat. Auf die Frage, ob er an Gott glaube:
»Ich glaube an den Gott, der an meine Kapelle glaubt.«

Leonard **Cohen**

Kanadischer Liedermacher und Sänger. Zuerst in seinem Haus in Los Angeles:

»Ich hatte wundervolle Lieben, aber ich konnte nie wundervolle Liebe zurückgeben. Und warum nicht? Weil ich immer an die unvermeidliche Trennung dachte, den bereitliegenden Stoff der Liebeslieder. So konnte ich nie an das Eigentliche heran, das mir doch dauernd angeboten wurde … Mein Ruhm als Frauentyp ist ein Witz, der mich bitter auflachen lässt in den tausend einsamen Nächten meines Lebens … Ich bin in der Liebe ein Amateur. Ein Profi nur in der Auswertung.«

Wir treffen Leonard auf Tournee in Berlin wieder. Stürmischer Applaus. Dann in der Garderobe:
»Man kann seiner Legende nicht entkommen. Das ist angenehm und tödlich zugleich.« *(Zitiert dazu Cocteau):* »Anfangs hasst man sein Image, später hängt man daran und nährt es sogar. Nur so kann man sein eigentliches Ich beschützen. Lässt man sich aber davon vereinnahmen, so wird das Image identisch mit dem Werk. Und das ist dann der Tod des Werks.«

Selbstbestätigung und Selbstauslöschung – die zwei Pole, zwischen denen Sie lavieren?
»So in etwa. Dazu noch die Sexualität. Mein Notanker.«

Und Ihr eigentliches Selbst?
»Dort oben auf dem Mount Baldy, hinter Los Angeles gelegen.

Da sitzt mein Roshi, mein japanischer Zen-Meister. Und ich bin
›Bruder Jikan‹, das heißt: der tugendlose Mönch.«

*Dann noch eine weitere Show in New York. Trägt uns im Hotel-
zimmer einen neuen Song vor, den er gar nicht in sein Programm
aufzunehmen wagt, da »zu abmachend« – »The Captain«:*

»Der Captain rief mich an sein Bett,
sein Mund war blass wie Mehl.
›Nimm diese Spange‹, sagte er,
›Du hast jetzt den Befehl.‹
›Befehl von was? Ist keiner da
sich vor uns aufzubaun.
Sind alle tot, sind auf der Flucht,
zum Feinde abgehaun.‹
›Nur Klagen, Klagen, dass dir nicht
schon vor dir selber graust.
Einmal ist es die Kreuzigung
und dann der Holocaust.
Ich bin da, wo die Loser stehn,
bin so wie du perplex.
Bin da, wohin beim Würfeln fällt
der Zweier statt der Sechs.
Ich weiß, was du gelitten hast,
doch jeder leidet so.
Was den Soldaten traurig macht,

das macht den Killer froh …‹
Der Captain lag im Sterben,
er war mir nicht mehr fremd.
Die Spange liegt in meiner Hand,
ich steck sie an mein Hemd.«

Da ich Leonard gesprächsbereit spüre, wage ich mich weiter vor:
Es gibt ja eine Zeit im Leben, wo man denkt: Das nächste Aben-
teuer bringt einem so etwas wie Erlösung, man wird verwandelt
auf alle Zeiten?
»Ja, man sehnt sich danach, sein Selbst aufzugeben. Und mit
dem Alter immer verzweifelter. Aber es wird immer schwerer, sich
hinzugeben, sich zu verlieren.«

Sie haben ja einmal gesagt: »Ich liebe und werde geliebt.« *Bezog*
sich das auf himmlische oder irdische Liebe?
Leonard lachend:
»Ich habe in meiner Arbeit das Höchstmaß erreicht an Durch-
einander zwischen Gott und den Frauen. Ich bin nie ganz sicher,
was ich meine, wenn ich das Wort Liebe ausspreche.«

Anlass für diese ganzen Aktivitäten des alternden Stars ist übrigens,
dass ihm seine Agentin und ehemalige Freundin fünf Millionen
Dollar, seine Altersrücklage, veruntreute. Dazu Leonard grinsend:
»Ziemlich genau dasselbe, was auch Woody Allen mit der seini-
gen passiert ist. Wir Juden sind eben auch nicht mehr, was wir
einmal waren!«

Colette

Eigentlich Sidonie-Gabrielle Colette. Französische Schriftstellerin, frühe aber skeptische Verfechterin der Frauenrechte – »Cheri«, »Gigi« u. a. Feine Stilistin, Aphoristikerin. In ihrer Wohnung am Palais Royal, als Nachbarin von Cocteau:

>»Die Liebe ist kein sehr ehrenwertes Gefühl.«

>»Ein Mann, der sich zu angelegentlich um die Frauen kümmert, wird eines Tages von ihnen bestraft.«

>»Eine Frau, die sich für intelligent hält, fordert die gleichen Rechte wie der Mann. Die intelligente Frau verzichtet. Und bekommt sie andersrum.«

>»Ein Laster ist das Böse ohne Spaß.«

>»Man vergibt dem anderen leichter das Unrecht, das er einem antat, als jenes, das man ihm selber angetan hat.«

Anekdote: Colette erfährt vom plötzlichen Tod ihres zweiten geschiedenen Gatten, Henry de Jouvenel.
»Woran ist er denn gestorben?«
»Am Herzen.«
Colette: »Der?«

Jeanne **Cordelier**

Französische Prostituierte, später Autorin. Bei einem Vortrag:

»So, meine Damen. Der Besuch ist zu 25 Francs, die Hälfte für Sie, die Hälfte für mich. Der Besuch dauert zehn Minuten. Sie beginnen mit dem Augenblick, wo Sie die Bar mit dem Kunden verlassen. In ihnen sind enthalten: Entkleidung beiderseits, Akt, Waschen, Wiederankleiden. Sie enden mit dem Moment, wo Sie die Bar aufs Neue betreten.«
(Mittagsappell der Puffmutter in der Bar »Beau rêve« am Pigalle)

Später Gespräch mit Jeanne am Tresen:
»Von allen meinen Kunden waren regelmäßig die Deutschen die unanständigsten (*les plus vaches*).«

Salvador **Dalí**

Katalanischer Maler. Anlässlich einer Pariser Vernissage am Faubourg Saint-Honoré, bei der er lebende Frösche zuerst mit den Beinen in Tinte taucht, und dann über seine Leinwand hinweghüpfen lässt:

»Eh bien, ich veranstalte hier ein öffentliches Happening, das ist ja jetzt die große Mode. Nein, ich bin ja das Happening selbst! Möchten Sie nicht lieber Gauguin oder van Gogh persönlich gekannt haben, als ihre Bilder in Museen zu bewundern? Voilà, Sie kennen Dalí!«

Später Pressekonferenz:
»Was die Frauen an mir reizt? Vielleicht mein Genie? Aber Frauen interessieren sich ja letztlich nicht für Genie – nur für den Mann dahinter. Also sind es wahrscheinlich meine Bartspitzen. Alles Übrige teile ich ja mit sämtlichen Männern der Welt.«

Jules **Dassin**

Französisch-amerikanischer Filmregisseur – »Topkapi«, »Sonntags nie« u. a. – plus Hauptdarstellerin und Ehefrau Melina Mercouri aus Griechenland. Während einer Fiakerfahrt im Pariser Bois de Boulogne:

Melina: »Ich lasse mich aber nur ablichten im Schatten der Bäume! Ich bin zu alt für die Sonne!«

Dassin: »Demnach muss der Herr jeden zweiten Satz von dir herausschneiden.«

Melina: »Also gut. Alles begann mit einem Brief, den er mir nach unserem ersten Zusammentreffen schrieb: ›Ich bin gekapert.‹ Natürlich musste ich erst nachschlagen, was das Wort bedeutet.«

Dassin: »Ich habe es ihr begreiflich gemacht.«

Was sind Sie für eine Frau, Melina?
Melina: »Ich kann lachen wie eine Irre. Aber ich kann auch leiden wie eine Irre. Ich glaube an die Liebe, auch die Liebe zu Griechenland. Vielleicht glaube ich nur an die Liebe.«

Dassin: »Was ich an Melina liebe? Das hängt davon ab wann. An welchem Tag, zu welcher Tageszeit. Sie ist jede Minute anders. Ich würde sie aber noch mehr lieben, wenn sie nur früher aufstehen könnte.«

Melina: »Dassin ist wie diese alten französischen Landhotels, wo eine Tapete über der anderen klebt. Je tiefer man gräbt, desto ursprünglicher wird es. Amerikaner – Wahlfranzose – Russe – Jude … Ich liebe ihn für alles, was er ist. Als Künstler, als Mann,

als Liebhaber. Und als Frühaufsteher. Wenn er lügt, krepiere ich. Wenn er mich betrügt … aber er betrügt mich nicht.«

Was wäre dann?
Melina: »Ich bin nicht zivilisiert. Ich bin eine Wilde. Der Wilde tötet aus Eifersucht.«

Und Sie, Dassin?
Dassin: »Ich bin zivilisiert. Ich behalte meine Gefühle für mich.«

Alain **Delon**

Französischer Schauspieler. Gespräch im Filmstudio Boulogne. Delon zeitweise mit seinem stahlblauen »Kobrablick«:

Supermann ist tot, und damit auch der eiskalte Engel, Ihre traditionelle Kinofigur. Tut Ihnen das leid?
»Ja. Und die Welt ist da angelangt, wo sie heute steht, weil es keinen Supermann mehr gibt, wie …«

Wie Sie, wollen Sie sagen?
»Meinetwegen, ist ja egal. Die meisten Leute legen sich doch als die gleichen schlafen, als die sie aufgestanden sind. Ich, ich möchte, dass dazwischen ein großes Abenteuer liegt, das ist eben der Unterschied.«

Vielleicht wäre das jetzt ein guter Moment, um über die Frauen zu sprechen?
Delon (Kobrablick): »Warum wollen Sie, dass ich von Frauen rede?«

Es heißt, dass Sie als Traummann bei den französischen Frauen an der Spitze rangieren?
»Keine Ahnung. Stimmt vielleicht. Und was dann?«

Welchen Traum bringen Sie den Frauen, wissen Sie das?
»Monsieur, ich habe mich nicht zu der Spitze durchgekämpft, um jetzt solchen Schmus (*baratin*) zu beantworten. Zeigen Sie mir einmal Ihr Papier her. Ich weiß doch, da steht als nächstes

der Name von Romy Schneider. Und was ich bei ihrem Tod gefühlt habe. Das werde ich Ihnen gerade auf die Nase binden.«

Hat das Selbstvertrauen eines Mannes etwas mit seiner Potenz zu tun? Ein Mann, der weiß, dass er jederzeit eine Frau befriedigen kann, der hat doch eine Ausstrahlung für sie?
»Genau wie eine Frau, nach der sich auf der Straße jeder umdreht. Die kommt anders an, als eine Pflanze, die nie begossen wird.«

Und Sie sind also der Mann, der die Frauen begießt?
»Hören Sie, jetzt werden Sie gleich meinen miesen Charakter kennenlernen. Denn wenn man Charakter hat, stehen die Chancen gut, dass er auch ein mieser Charakter ist.«

Man sagt, dass Sie nach Ihrer freiwilligen Soldatenzeit, im damaligen französischen Vietnamkrieg, als Zuhälter gearbeitet haben, am Pigalle?
»Ja, und was weiter. Ich wurde ja geliebt von diesen ganzen Mädchen. Und ich achtete sie auch. Und letztlich sind wir alle Prostituierte, für Geld. Ich im Film, und Sie für irgendein Dreckblatt, stimmt's?«

Es gibt da einen Spruch: Wer viel geliebt wird, der verachtet am Ende die Frauen?
»Das ist der gleiche Scheiß (*merde*), von denen Ihre Blättchen so voll sind. Wie war es denn in Wirklichkeit? Ja, ich wurde damals viel geliebt, häufig von Klassefrauen, die älter waren als ich. Für

diese Frauen wollte ich natürlich der Größte sein, mich herausstellen. So bin ich in den Film gerutscht. Reicht Ihnen das?«

Monsieur Delon, denken Sie je an den Tod?

»Ich denke immer an den Tod. Und wenn man mir die Wahl gibt, dann würde ich einfach, ganz dumm, ganz feige, dann möchte ich sterben während ich Liebe mache. Ich hatte Freunde, die sind so gestorben.«

Für die Frau dürfte das allerdings weniger angenehm sein?

»Das Ideal wäre eben, dass man gleichzeitig stirbt … Aber was ich wirklich fühle, ist eine Art Wut gegen den Tod. Ich hasse ihn wegen Romy. Ich akzeptiere nicht, dass er mir solche Menschen nimmt! Und jetzt machen wir Schluss, Schluss!«

Danach beim Ausgang: »Warum geben Sie sich eigentlich her für so'n Scheiß?«

Weil ich nicht Ihre Stargage habe. Und außerdem Alimente zahlen muss.

Delon, zum ersten Mal interessiert, ja anteilnehmend: »Wieviel bezahlen Sie denn da? Was, so viel? Da kann ich Ihnen einen guten Anwalt nennen.«

Nathalie **Delon**

Französische Schauspielerin. Ehemals mit Alain Delon verheiratet. Ein Sohn, Anthony. Später u. a. mit Mick Jagger zusammen:

»Man muss mit jedem Mann über den vorigen hinausgehen … Eine Frau kann es dazu bringen, dass sie sich eines Mannes rein körperlich so bedient, wie es üblicherweise der Mann mit der Frau tut.«

Und würde Sie das glücklicher machen?
»Ich bin nicht auf Glück aus. Sondern auf akkumuliertes Leben.«

Catherine **Deneuve**

Französische Filmschauspielerin. In ihrer Pariser Wohnung an der Place Saint-Sulpice:

»Ich fühle mich sehr französisch. Ich mag die konkreten Dinge des Lebens. Spiel, aber nicht Verstellung. Frauen haben oft mehr Mut als Männer. Und sie kennen weitaus weniger Ausflüchte, Schlupfwinkel, Verstellungen, ehrlich …«

»Ich glaube an die Passion, die Große Liebe, das Drama. Ich bin auch nicht gegen die Ehe, nur dass die Frau oft einen größeren Preis dafür bezahlen muss als der Mann. Jedenfalls gibt es in der Liebe, laut Balzac, immer einen der leidet, und einen der sich langweilt. Langweilen sich beide, so muss man Schluss machen. Trotz oder auch wegen der Kinder.«

»Was mir in meiner bisherigen Karriere abgeht, das ist die Liebe, auch die körperliche, vom Standpunkt der Frau aus gezeigt. Nur Buñuel hatte ein Gespür dafür, in ›Belle de jour‹. Und sogar er wollte mich da nackt auftreten lassen. Ohne zu ahnen, dass sich eine Frau in Dessous doch viel sinnlicher vorkommt, und auch so wirkt.«

Auf die Frage, was sie am meisten hasse:
»Selbstmitleid. Jedes Mitleid hat ja mit Verachtung zu tun. Darum liegt im Selbstmitleid immer auch etwas von Selbstverachtung.«

Marlene **Dietrich**

Deutsch-amerikanische Schauspielerin, Liedersängerin. Auf einer Parkbank im Square Guillaumin beim Palais Rothschild in Paris:

»Warum ich mich so gerne in schicken Männerkleidern zeige? Hat alles mit der Anziehung zu tun, von der ja der Schausteller lebt. Also Sexualität. Diese wird lebendig durch die erotische Vorstellung, den Reiz, den Traum. Verglichen damit ist das eigentliche Vergnügen dann vielleicht geringer. So. Und welchen Mann, oder auch welche Frau, würde es nicht aufregen, dass hinter der steifen männlichen Hemdbrust ein weiblicher Busen sich regt? Es ist immer das Konträre, das uns anzieht. Auch bei der Paarung, bitteschön.«

Verändert die Frau eigentlich ihre Persönlichkeit mit ihrer Kleidung?
»Nein, nur ihre Stimmung. Sie probt sich eben in den verschiedenen Versionen aus. Ein Rollenspiel.«

Wo ist letztlich der Unterschied zwischen Männerliebe und Frauenliebe? Sie haben ja beides genossen.
»Männer wollen besitzen, Frauen wollen besessen werden. Mit sämtlichen Schattierungen dazwischen. Aber letzten Endes ist Liebe gleich Liebe. Also dass man den Partner so hoch schätzt wie sich selbst. Und das fällt allen gleich schwer.«

Sie waren sehr mit Edith Piaf befreundet, ungefähr der genaue Gegensatz zu Ihrer kessen Berliner Schnauze?

»Edith Piafs Kunst beruhte auf Herzensüberfluss und Hingabe-
bereitschaft.«

Und Ihre?
»Ich denke auf Neugier. Die Haupttriebfeder des Schauspielers
ist ja herauszufinden, wie der andere Mensch funktioniert, um
sich notfalls in ihn zu verwandeln.«

Könnten Sie sich in die Piaf verwandeln?
»Warum nicht? Ich habe vielleicht mehr von ihr, als Sie ahnen.
Nur, ich bin Preußin. Ich zeige es nicht.«

Maître René **Floriot**

Frankreichs ausgebufftester Strafverteidiger. In seiner Pariser Wohnung voller aufrechter Elefantenstoßzähne, deren Träger er alle erlegt haben will:

Maître, halten Sie sich selbst eines Mordes für fähig?
»Jeder ist dazu imstande – im Affekt. Und jeder hat seine Affekte, Sie nicht?«

Was ist Ihrer Erfahrung nach der Hauptgrund für Mordtaten in Frankreich?
»Der Hauptgrund ist das Vorhandensein einer Schusswaffe in der Kommode. Weil es nämlich hundertmal mehr Überwindung kostet, jemanden mit der Hand umzubringen als aus der Entfernung. Außer bei Frauen vielleicht. Die viel häufiger in persönlichem Kontakt morden. Vielleicht weil dessen Versagung so oft ihr unbewusstes Hauptmotiv darstellt.«

Madame **Frédérica**

Eine von 2000 Pariser Wahrsagerinnen. In ihrer Wohnung am Linken Ufer:

Madame Frédérica, Sie gelten als Wahrsagerin der Pariser Elite, dementsprechend auch Ihre Honorare. Wie wahr sagen Sie?
»In einem Drittel aller Fälle irre ich mich. Bei den übrigen nicht.«

Und wenn Sie sich nicht irren, wie schaffen Sie das?
»Dann kann ich mit einem Mal die Leute vor mir sitzen sehen, wie sie in einigen Jahren sein werden. Was dann hinter ihnen liegt. Die Zukunft von gestern sozusagen. Das kann ich lesen.«

Haben Sie eigentlich neben der Weissagung noch irgendwelche Hobbys?
»Ich gehe gern zu Pferderennen.«

Und? Können Sie den Sieger voraussagen?
»Ich kann nur mit Menschen arbeiten, die ich leibhaftig vor mir sehe.«

Warum sind alle Wahrsager Frauen?
»Weil Männer nicht den Mut haben würden, den andern mit der Wahrheit zu konfrontieren … Weil Frauen mehr Intuition besitzen … Weil Frauen nicht zu stolz oder überheblich sind um sich in andere hineinzuversetzen … Weil die meisten Prognosen sich ja auf intime Bereiche beziehen, die jeden Mann zum Erröten bringen würden … oder zum Lügen.«

Gisèle **Freund**

Deutsche Fotografin und Foto-Historikerin. In ihrer Wohnung in Paris:

»Ob jemand Frauen liebt oder Männer oder beides, oder die Kunst, scheint mir ziemlich nebensächlich. Gegenüber der Frage, ob er überhaupt fähig ist … zu lieben.«

»Schon eigentümlich, dass die Menschen so scheu sind, ihr nacktes Geschlecht zu zeigen. Dabei ist unser Gesicht das Nackteste, was wir haben. Das Gesicht ist ja identisch mit seinem Träger …«

»Ich habe nie das Bedürfnis verspürt, etwas Neues zu schaffen. Nur das allzeit Menschliche hat mich interessiert. Und das Einzige, was überhaupt den Menschen befähigt, glücklich zu sein. Nämlich *l'amour et la tendresse* – wie sagt man das auf Deutsch? Liebe und Zärtlichkeit, ja. Wer das nicht besitzt, kann nie glücklich werden. Und ich habe immer daran geglaubt, dass der Sinn der Fotografie darin besteht, die Menschen miteinander zu verbinden, bekannt zu machen. Und damit zu verhindern, dass sie Kriege führen.«

Liebe und Zärtlichkeit … In Ihrer Erfahrung, sind die Frauen mehr davon zu geben bereit als die Männer?
»Ich glaube, das hängt vom Empfänger ab. Ich war immer bereit zur Zuneigung, zur Offenheit. Natürlich mit gemischten Resultaten. In Argentinien lernte ich ja auch Evita Perón kennen, die Frau des Diktators. Sie wollte unbedingt mit ihrem ganzen Schmuck fotografiert werden, Schubladen voller Gold und Dia-

manten. Nachher hat mich die Geheimpolizei gejagt, um die Bilder zu vernichten. Ich konnte nur mit Mühe nach Uruguay entkommen. Als sie erschienen, hat das vielleicht mehr zum Sturz des Regimes beigetragen als die endlosen Verletzungen der Menschenrechte. Es war eben der Neid.«

Sie lebten auch lange in Mexiko?
»Ja. Und habe dort die schöne Malerin Frida Kahlo kennengelernt. Sehr begabt aber leider verkrüppelt. Sie war zweimal verheiratet, beide Male mit demselben Mann, dem großen Muralisten Diego Rivera. Und sie dachte immer ans Sterben, so tapfer sie um ihr Überleben kämpfte. Einmal sagte sie zu mir: Ich weiß nicht, was aus Diego werden soll, wenn ich gehe, so sehr liebt er mich.«

Und was ist aus ihm geworden?
»Ein paar Monate nach ihrem Hinscheiden hat er eine andere Frau geheiratet. So sind die Männer. Und so will es das Leben.«

Serge **Gainsbourg**

Französischer Chansondichter, Sänger, Frauenheld:

»Ich bin unter einem unglücklichen Stern geboren, dem gelben. Ich musste den Judenstern tragen, schon als kleiner Junge, obwohl wir ja versteckt am Land lebten. Danach Entschluss, Serge Gainsbourg zu werden anstatt Lucien Ginzburg. Und nie mehr unsichtbar zu sein. Nie mehr kneifen zu müssen. Eher das Gegenteil …«

»Lucien Ginzburg war potthässlich – *moche, moche, moche*. Aber Serge ist schön. Wodurch wurde er schön? Durch kalkulierte Herausforderung, Provokation. Indem er seine Karten dauernd ausreizt. Dafür muss man aber jederzeit bereit sein, die Suppe auszulöffeln. Also Hass zu ertragen, auch Judenhass natürlich, mit einem Grinsen. Haben Sie die schöne Aufnahme gesehen, wie ich vor der Kamera einen 500-Francs-Schein verbrenne? Davon rede ich. Übrigens, kennen Sie den? Wer ist eigentlich Schuld am Untergang der ›Titanic‹? Ein Eisberg – Jude natürlich …«

»Schürzenjäger? Ich werde gejagt! Ich bin wie Mickey Mouse: große Ohren, langer Schwanz … Meine Art von Intelligenzbestie ist tödlich, auch für die Frauen. Früher ist es mir wenigstens bei ihnen gelungen, meine Kontrolle zu verlieren, sagen wir hier und da. Das war aber eine schlechte Idee: Man gibt den Frauen damit das Heft in die Hand. Und eigentlich sind sie gar nicht so scharf drauf. Ich meine, die richtigen Frauen …«

»Herzensbrecher – idiotischer Ausdruck. Man bricht kein Herz, das nicht im Tiefsten gebrochen werden will. Freilich sind jetzt auch die Karten gezinkt. Es ist alles zu einfach geworden. Wollen sie mich alle anderen Frauen vergessen machen? Lieben sie meinen Ruhm – lieben sie die Chance, durch mich berühmt zu werden – oder wollen sie bloß ein Chanson für sich wie ›Ich liebe dich – ich dich auch nicht‹? Wer weiß das noch?«

»Ich bin luzide, ich durchschaue die Dinge. Ich zerschlage meine Romantik durch Mokanz. Anfangs war das vielleicht eine Masche, eine Maske. Und dann kann man sie nicht mehr loskriegen, selbst wenn man wollte. Jetzt klebt sie an dir fest.« *(Zeigt mit den Fingern im Gesicht wie sie festklebt …)*

»Meine Inspiration ist auf Befehl da. Und ich verachte sie, wie jede Frau, die auf Befehl kommt. Aber ich schreibe nur für Frauen: Die Gréco, die Bardot, die Birkin. Ich bin ein Typ für Frauen.«

Aber immer nur kurzfristig?
»Wieso? Mit Jane Birkin war ich viele Jahre zusammen. Ein richtiger spießiger Ehemann. Auch dafür bin ich anscheinend geeignet.«

Und was sind Sie für sich selber?
»Ein Komiker! Ich hasse mich, dass ich mich lieben muss. Gibt es etwas Komischeres auf der Welt?«

Romain **Gary**

Französischer Schriftsteller, eigentlich Roman Kacev oder auch de Kacev, je nach Laune. Dieses menschliche Chamäleon, diesen eleganten Verstellungsartisten treffe ich – da sein erster großer Erfolg im afrikanischen Busch spielt – in dem Lokal »La Factorerie« bei der Madeleine. Wo die schmausenden Gäste nur durch Glasbarrieren von den sie umschleichenden Raubkatzen getrennt sind:

Monsieur Gary, Ihre Lieblingsheldinnen?
»Alle Frauen der Welt.«

Ihre Lieblingsbeschäftigung?
»Darf ich nicht laut sagen. An zweiter Stelle das Verfassen von Romanen, in denen ich die Hauptrolle spiele. Allerdings in immer neuer Verkleidung.«

Wo möchten Sie leben?
»In einer Million Leben.«

Wer hätten Sie sein wollen?
»Leonardo, wäre er kein Päderast.«

Warum lieben Sie die Wildnis?
»Wenn man, aus unserer Technologie kommend, in die Augen dieser Tiere blickt – da sieht man ein solches Nichtverstehen, ein Nichtbegreifenkönnen … das unserem eigenen in dieser Zeit sehr ähnlich ist, nicht wahr.«

Gary, so scheint es, ist irgendwo in Litauen geboren, seine geliebte Mutter zog mit ihm nach Nizza. Dort wird sie nicht müde, ihm ein-

zuschärfen: *Du wirst ein Kriegsheld sein ... du wirst Diplomat sein ... du wirst ein großer Dichter sein ...* Und er wird tatsächlich das alles, um seine Mutter glücklich zu machen. Die ihm aber nie den Namen seines richtigen Vaters verraten wird. Den er sich fallweise als großen russischen Schauspieler oder auch als Tartarenfürsten zurechtschneidert. Im Krieg schlägt sich Gary zu de Gaulle in London durch, wird hochdekorierter Kampfpilot. Danach französischer Generalkonsul in Los Angeles – ich wusste gar nicht, dass es dergleichen gab. Wo angeblich eine Produzentengattin den schicken Poseur anfleht: »Fuck me, consul general, honey, fuck me!« Vielleicht stimmt es sogar. Gary, inzwischen mit dem Goncourt-Preis gekrönt, verliebt sich in die neue amerikanische Naive (»Außer Atem«) Jean Seberg.

Besuch des Paares in ihrer Wohnung Rue du Bac, jetzt allerdings schon durch eine Mauer entzweigeteilt. Gary:
»Es ist schwer, eine Frau zu lieben, die man nicht retten, nicht beschützen und nicht verlassen kann.« (*Pause*)

Und woran arbeiten Sie gerade?
»Ein Roman namens ›Der Tanz des Dschingis Cohn‹. Ich bin da ein jiddischer Kabarettist, zuerst in der Schwarzen Schickse in Berlin, dann im Warschauer Motke Ganeff, schließlich in Auschwitz.«

Haben Sie das alles recherchiert?
»Ich brauche nichts zu recherchieren. Ich bin einfach diese Leute.«

Ich frage nach Jeans Verbleib.
»In Hollywood. Zeitweise mit Clint Eastwood. Ich bin natürlich

hingeflogen und habe ihn zum Duell gefordert. Aber er hat nur lachend abgewinkt.«

Letztes Gespräch mit dem alternden Autor, auf seinen Wunsch in unserer Wohnung:
»Und präsentieren Sie mir eine deutsche Blondine mit Vaterkomplex, meine letzte Chance.« *(Die ihm vorgestellte sagt ihm allerdings wenig zu, wohl weil zu intellektuell – sie ist Journalistin. Und erkundigt sich ein bisschen zu angelegentlich nach seiner Familie.)* »Mein kleiner Sohn Diego wächst auf Spanisch auf, der Sprache seiner Kinderfrau. Eine neue Version von mir selbst. Und Jean ist tief verwoben in irgendwelchen schwarzamerikanischen und afrikanischen Freiheitsbewegungen, die sie mangels Geld mit Sex unterstützt. Derzeit schwanger, soviel ich weiß.«
Kommt dann auf sein Judentum zu sprechen: »Was will der Jude? Die Wahrheit. Was will Gary? Seine Wahrheit. Und das ist nicht dasselbe … Worauf ich von jeher aus bin: Passeur sein. Grenzschmuggler zwischen den Identitäten.«

Sie selbst publizieren ja jetzt auch unter Pseudonym. Gibt es Romain Gary überhaupt noch?
»Manchmal glaube ich, ihm zu begegnen. Aber er ist mir nicht sehr sympathisch.«

Selbstmord von Jean Seberg in ihrem Auto. Bald danach folgt ihr Gary mit seiner Kriegspistole. Noch sein Abschiedsbrief zeugt ein letztes Mal von der ihm eigenen mörderischen Ironie: »Kein Zusammenhang mit Jean. Bewunderer von Kitschliteratur werden gebeten, sich anderswohin zu wenden.«

Charles **de Gaulle**

Französischer General, Staatsmann:

»Die Franzosen liebt man mehr, als man sie achtet. Bei den Deutschen verhält es sich gerade umgekehrt. Hier liegt die Hauptschwierigkeit in unseren Beziehungen.«

Der General ist berüchtigt für seinen trockenen, manchmal auch barsch militärischen Humor. Bei diversen Pressekonferenzen:
»Ich bin von meiner Krankheit wieder genesen – vielleicht zu Ihrer Bestürzung ...«

»Friedensvertrag – die Zeit, die man braucht, um eine neue Waffe zu erfinden.«

»Wie soll man ein Land regieren, das dreihundert verschiedene Käsesorten kennt?«

»Die Franzosen schwer zu regieren? Ach was. Es reicht, ihnen zu geben, was sie wollen, und schon wollen sie es nicht mehr.«

Im Mai 1968, während der Studentenunruhen, ist Staatspräsident de Gaulle zur allgemeinen Beunruhigung einen Tag lang verschwunden. Wie sich später herausstellt, ist er nach Baden-Baden geflogen – dem Hauptquartier der französischen Besatzungstruppen unter General Massu, einem primitiven Haudegen (den ich im Algerienkrieg kennengelernt hatte). Offenbar wollte de Gaulle sich versichern, dass die Armee noch hinter ihm stünde. Dabei soll sich bei der Begrüßungszeremonie folgender Dialog abgespielt haben.

De Gaulle: »Na, Massu, immer noch so vertrottelt (*toujours aussi con*)?«

Darauf Massu: »Jawohl, mein General. Immer noch Gaullist.«

Valeska **Gert**

Deutsche Filmschauspielerin – »Die freudlose Gasse« mit Greta Garbo, »Dreigroschenoper« –, Chansonsängerin, Tänzerin, Bargründerin. Im Pariser Café du Dôme:

»Hier an diesem Tisch saß ich schon in den Zwanzigerjahren mit meinen Heroen: dem genialen russischen Regisseur Sergei Eisenstein, und dem gerade in Mode gekommenen Dichter Bertolt Brecht. Von beiden habe ich mir ein Kind gewünscht. Eisenstein lag nächtelang neben mir im Bett, ohne mich jemals zu berühren. Ein zartbesaiteter Schwuli, und das bei diesem Namen! Brecht seinerseits, mein Gott! Er wusch sich ja damals nie. Und roch unter der ewigen Lederjacke dermaßen scharf, dass sogar mir die Lust verging. Und das will etwas heißen.«

Françoise **Gilot**

Französische Malerin. Lebensgefährtin Picassos zwischen 1943 – sie war 21, er 61 – und 1953. Zwei Kinder mit ihm, Claude und Paloma. Trotzdem die einzige Frau, die ihn je eigenmächtig verließ. Zuletzt verheiratet mit dem amerikanischen Virologen Jonas Salk, Erfinder der Schluckimpfung gegen Kinderlähmung:

Madame, Picasso war 40 Jahre älter als Sie. Waren Sie nicht überrascht, dass ein Mann dieses Alters noch so liebesgierig sein konnte?
»Wenn man sehr jung ist, bedeutet einem der Altersunterschied wenig. Vielleicht habe ich auch meinen verstorbenen Vater in ihm gesucht, wer weiß das?«

Und er, was suchte er in Ihnen?
»Ich glaube er suchte seine Vorstellung, das Bild, das er von mir malen wollte. Nicht mich. Ich saß in meiner Schale wie eine Auster, er hielt sie in der Hand, aber er konnte sie nicht öffnen. Er fand nie heraus, wer ich wirklich war …«

»Er, der alles bis zum Grund sehen muss wie ein Kind mit seinem Spielzeug, er fühlte, dass ich mich ihm entzog, noch bevor er fertig war mit mir. Das hatte ihm noch keine angetan. Es war die Niederlage, das Alter, der Tod! …«

»Aber man muss die Männer auch um ihrer Fehler willen lieben. Wenn man nur ihre Vorzüge liebt, dann ist die Liebe eine Krankheit …«

»Wieder lieben? Warum nicht. Die Liebe die ich Pablo gab, die kann ich keinem anderen Mann mehr schenken. Aber vielleicht eine andere? …«

»Nein, man soll nie vermeiden, was stark ist, selbst wenn es schmerzt. Nie dem Schmerz aus dem Weg gehen, denn aus ihm wächst etwas, das Ihr Leben vermehrt. Sonst wird man immer kleiner und kleiner, wie eine Uhrfeder, die sich nach innen zusammenzieht …«

»Nun, ich habe Picasso zehn Jahre lang gehalten, länger als jede andere Frau. Und ich hätte ihn noch länger gehalten, wenn ich gewollt hätte. Wissen Sie, was eines der letzten Worte war, das er mir zurief, bei unserer Trennung? Du wenigstens hast mich nie gelangweilt!«

Juliette **Gréco**

Französische Chansonsängerin, »schwarze Muse« des Existentialismus. Schauspielerin in den USA, Verhältnis mit dem Filmproduzenten Darryl Zanuck, der sie einst mit dem Satz begrüßte: »Ich habe den Längsten in Hollywood«. Dann ephemere Eheschließung mit dem französischen Schauspieler Michel Piccoli. Hochzeitsempfang im Hotel Raphael:

Juliette, welche Gefühle sind die wichtigsten in der Ehe?
»Hochachtung – Freundschaft – Verständnis – Liebe. In dieser Reihenfolge.«

Michel Piccoli, was finden Sie am unwiderstehlichsten an Ihrer neuen Frau?
Michel: »Dass sie eine Frau ist, die sich ganz für sich behält ... und dass sie nicht danach aussieht.«
Juliette: »Nicht das zählt, was man herzeigt. Sondern das, was man verbirgt.«

Michel, lernen Sie hier etwas Neues? Oder wissen Sie das alles?
Michel: »Ich weiß schon alles. Übrigens verrät Sie Ihnen ja auch nicht das Wichtigste.«

Und Ihnen?
Michel: »Nein. Aber ich weiß, wenn sie nicht alles sagt, dass sich dahinter ein Geheimnis verbirgt, das zu entdecken lohnt. Frauen sind eben so, das ist das Wunderbare.«

Aber sie verändern sich laufend?
Michel: »Und sind immer aufrichtig dabei. Oder glauben es wenigstens.«
Juliette: »Nicht immer, chéri.«

Aber Sie haben immerhin Momente, Juliette, wo Sie aufrichtig sind?
Juliette: »Ja. Aber meistens gerade nicht diejenigen, wo man mich für die Quelle aller Wahrheiten hält.«

Juliette, in dem von Ihnen mitbegründeten Nachtlokal »Tabou« hängt ja ein Schild: »Why kill time? Kill yourself!« Stammt das von Ihnen?
Juliette: »Bestimmt nicht. Meine Mutter und Schwester haben das deutsche KZ überlebt. Danach ist es mir unerlaubt, mich umzubringen.«

Mit 77 veröffentlicht Juliette das Album »Liebt einander, oder haut ab« und meint zum Titel: »Wenn man keine Liebe mehr spürt, dann ist es Zeit zu gehen, man ist wertlos … Es gibt ja zwei Grécos. Die eine ist das Monument, das Kunstprodukt. Die andere ist die kleine ›Jujube‹ meiner Kindheit. Verletzlich, aber unangreifbar, intakt.«

Sacha **Guitry**

Französischer Bühnenautor, Filmregisseur, Schauspieler, Frauen-
schwarm. Befragt nach einem seiner Konkurrenten:

»Der kommt an – aber in welchem Zustand!«

*Während des Krieges – halb zog sie ihn, halb sank er hin – Kollabo-
rateur der deutschen Besatzungsmacht. Bei einer Ausstellung von
Hitlers Lieblingskünstler, dem Schöpfer abgeschmackter Kolossal-
statuen Arno Breker (von Cocteau mit solchen Hymnen überschüt-
tet wie:* »Ich grüße Sie, Arno, als einer aus der hohen Heimat der
Poeten« *) findet Guitry das viel treffendere Bonmot:* »Wenn alle
diese Riesenleiber einen Ständer hätten, dann gäbe es keinen
Platz mehr im Hause, um sie zu betrachten!«

Peter **Handke**

Österreichischer Schriftsteller und Dramatiker, lebt in Paris. Zuerst Besuch in seiner Mietwohnung in einem Pariser Vorort. An der Küchenwand eines der wenigen Zeichen von Eitelkeit: ein Plakat der französischen Aufführung seines Stückes »Der Ritt über den Bodensee« mit dem Filmstar Jeanne Moreau. Handke schenkt uns ein, trinkt mit Genuss. Ich frage nach seinem stadtbekannten Verhältnis mit Moreau. Abgebogen ins Allgemeine:

»Was nennen Sie Verhältnis? Ich weiß ja gar nicht, was die Frauen von mir alle wollen. Erst gestern wieder eine, die gleich ihren Koffer anschleppte, ihre Zahnbürste im Badezimmer aufstellte. Ich habe sie natürlich wegexpediert.«

Ich wiederhole die Frage nach Jeanne Moreau.
Handke (sich einschenkend): »Liiert, liiert … Zur Sexualität hab ich wahrscheinlich … hab ich wie jeder eine zwiespältige … ich, ich hab halt keine Ideale … So'n Abenteuer mit 'ner Frau … so ganz ohne Beziehung auf das, was man … also auf die Bindungen, das empfinde ich im Moment als das, als das Erstrebenswerte an der Sexualität. Ja, die Ehe … ich weiß nicht … es gibt da drei, vier Paar' die ich kenne, wo ich mit 'ner Rührung, und auch mit 'ner Art Schadenfreude sie beachte, sie beobachte, ja doch. Ach geh, ich bin überzeugt, dass das verlogene Ladenschwengel sind. So ein Ehepaar, na ja, was ist das schon Großes. Liechtenstein ist auch was. Aber so ein kurzes Abenteuer, das ist doch ein Triumph, das muss man doch einfach ausprobieren.«

Und zwar immer mit 'ner andern, mit 'ner neuen?
»Verflucht, warum nicht? Was haben Sie mit den immer neuen,
die Sie da hineinquäksen? Ne alte Frau ist mir genauso langwei-
lig. So immer mit derselben, das ist ja noch viel stupider ... ich
mit der eigenen, mit der leibeigenen Frau das betreiben würde ...
ach Scheiße!« *(Schenkt uns allen ein.)*

*Dann zwanzig Jahre später, inzwischen duzen wir uns längst.
Handke hat eben einen Roman über Don Juan geschrieben. Wir
treffen uns auf einer Caféterrasse in der Pariser Rue Lecourbe.*

*Peter, da beobachtet gleich anfangs dein Held ein Paar beim »faire
l'amour«. Warum der französische Ausdruck?*
»Ja, wie soll man es sonst sagen, auf Deutsch und anständig?
Sich vereinigen? Lächerlich. Liebe machen? Eine Importe. Es
gibt keinen richtigen Ausdruck dafür.«

Dann steht da der vielleicht paradigmatische Satz:»Nur sie war am Werk!«Der Mann sozusagen bloß Stichwortgeber, ihr Werkzeug. Und die Frau als der mythische Quell aller Erotik. Ist das nicht eine sehr romantische Vorstellung?

»Ja, warum nicht. Sie als Herrscherin in der Liebe. Auf sie kommt es an. In den meisten Filmen sieht man in diesem Moment nur die Frau, nee? Und zwar ihr Gesicht, wo das Geheimnis sich abspielt. Was im Gesicht der Männer vorgeht, ist mythologisch uninteressant.«

Peter, du bist ja einmal gefragt worden, vielleicht von mir:»Was ist der schönste Moment in unserem irdischen Dasein?«Und du hast gesagt:»Das Gesicht der Frau im Augenblick der Hingabe«?

»Ja, es geht nichts weiter auf der Welt. Das geht von Alaska bis Feuerland. Und nur die Frauen können es wirklich beschreiben. Auch ihre früheren Erlebnisse. Ich frage sie ja auch immer danach.«

Die Liebe des Mannes hingegen beschreibt dein Don Juan mit den schönen Worten:»Man hört es schreien, grunzen, brummen.«Also der Mann als wildes Tier?

»Na ja, wie oft bist du in irgendeinem Hotelzimmer allein, und vom Nebenraum kommen diese verräterischen Geräusche. Nur: Im Innern der Liebenden spielt sich vielleicht etwas ganz anderes ab. Vielleicht herrscht hier das höchste Glück, verbunden mit der tiefsten Verzweiflung?«

Im Buch betrachten die Frauen diesen Mann als ihren Herrn oder Retter. Das sind doch höchst veraltete Ideen in unserer Zeit?

»So muss es aber sein, nee? Wie die Sternschnuppen glauben wir immer, wir werden ewig glühen, und im nächsten Moment haben wir ausgeglüht. So tückisch wurde das gemacht, von irgendjemand. Das kann kein Mensch je auflösen. Es gibt keine Lösung zwischen Mann und Frau …«

Und doch gibt es glückliche Ehen?

»Dazu ist viel Widerstreit in mir. Ich muss mich geduldig zähmen. Ein Familienleben führen ist schwer … Wenn ich einen ganzen Tag mit einer Frau verbringen muss, krieg ich schon Aggressionen … Die Sache mit Mann und Frau kann doch immer nur in Tragik enden … Trotzdem: Mein Leben wird vielleicht ein gutes Leben halbwegs gewesen sein.«

Letzte Frage: Wieso empfindet der Mann eigentlich meist die Frau als schön, jedenfalls als schöner als sich selbst. Wo doch schon Schopenhauer gesagt hat: »Das kurzbeinige, schmalschultrige, breithüftige Geschlecht der Weiber schön finden, konnte nur der umnebelte männliche Intellekt.«

»Ja, das ist eben das Fluidum zwischen Mann und Frau. In der höchsten Erregung empfindet er die Frau als schön, und er selber verschwindet. Wie in dem mythologischen Bild, wo Danae den Zeus als Regen empfängt, als Goldregen. Aber der Glanz des Miteinanderseins, des Durcheinanderseins ist das Schönste auf der Welt, und ich meine da nicht nur das Tier mit den zwei Rücken. Das ist die Schöpfung, nein? Die Schöpfung der Schöpfer!«

Audrey **Hepburn**

Amerikanische Filmschauspielerin – »Ein Herz und eine Krone«. Bei einer Pressekonferenz in Paris. Auf die Frage, ob auch ihre Lebenspartner so »schön, zart und unterernährt« sein müssten, wie man sie selbst definiert hat:

»In der Freundschaft sucht man seinesgleichen. In der Liebe gerade das, was man nicht besitzt, seine Ergänzung. Kompliziert wird es erst, wenn man beides auf einmal will.«

Lauren **Hutton**

Amerikanisches Model und Filmschauspielerin – »American Gigolo«. Berühmt für ihre Zahnlücke:

»Ich habe meine Zähne mit Absicht nie reparieren lassen. Ich will geliebt werden, auch vom Publikum, für das was ich bin, nicht als Traumvorstellung von Perfektion.«

»Ich mag Frauen sehr aber ich schlafe nicht mit ihnen. Dazu kenne ich sie zu gut, das wäre mir zu ungefährlich.«

»Was das Schwerste ist auf der Welt? Sich gegen jemand wehren zu müssen, den man liebt.«

»Heißen Sie wirklich Troller? Weil das nämlich zu Ihnen passt. Ich meine nicht den skandinavischen Unhold. Auch nicht den modernen Datenklau. Sondern – vielleicht kennen Sie diesen Ausdruck für den Schleppangler, den Tiefseefischer?«

Insel Malekula

Neue Hebriden, Südsee. Beim Hochlandstamm der Big Nambas, genannt nach dem Penisfutteral aus einer großen Kokosschale. Natürlich gibt es auch die ihnen spinnefeinden Little Nambas mit kleineren Schalen:

»Unsere Frauen zu fotografieren ist bei Todesstrafe verboten!«

Wie wär's mit einem Pazifik-Dollar?
»OK, Mister.«

Insel Samoa

Nahe der Hauptstadt Apia das Grabmal des schottischen Dichters Robert Louis Stevenson – »Die Schatzinsel«, »Dr. Jekyll und Mr. Hyde«. Auf seinem Grabstein ein Gedicht, das übersetzt so klingt:

Unter dem leuchtenden Sternenzelt
grabt mich ein auf freiem Feld.
Froh wie ich lebte, froh ließ ich die Welt,
und ich legte mich unverzagt.
Dies sei der Vers, der über mir steh:
Er liegt, wo er's ersehnte von je.
Heim ist der Schiffer, heim von der See,
und der Jäger heim von der Jagd.

Nachwort: Stevenson verliebte sich als junger Mann in eine verheiratete ältere Amerikanerin, Fanny Osbourne. Er folgte ihr unter Schwierigkeiten in die USA, entriss sie ihrem Gatten, und endete mit ihr, seiner Gesundheit wegen, auf Samoa, wo er mit 44 starb. Danach begann Fanny eine Liebesbeziehung mit einem 40 Jahre jüngeren Autor, Ned. Der von ihr sagte: »Die einzige Frau, für die es sich zu sterben lohnt.« Trotzdem starb sie vor ihm, und er heiratete prompt ihre Tochter, die bloß zwanzig Jahre älter war als er.

Curd **Jürgens**

Deutscher Filmdarsteller, lebte lange in Frankreich. Zahlreiche Frauenbeziehungen, mindestens vier Ehen. Diner in der »Coupole«:

»Ja, aber ich bin ein unheldischer Frauenheld. Und der vorwiegende Grund meines Erfolges bei ihnen: Ich habe die Frauen immer gebraucht! Nämlich nicht bloß als Konsumartikel, sondern als Ergänzung. Glauben Sie mir, die spüren das. Ein Mann, der Frauen braucht, das ist für sie wie ein Knistern in der Luft. Oder wie ein ausströmender Duft. Und der Mann, der Frauen braucht, das ist natürlich kein hundertprozentiger Vollmann, kein Macho. Der ist gar nicht so maskulin, wie er vielleicht aussieht. Bei mir können die Frauen ruhig ihren männlichen Anteil ausspielen. Das macht mir nichts aus, da kuschle ich mich sogar richtig rein. Die Franzosen kennen da einen ganz treffenden Ausdruck dafür, den ›homme à femmes‹. Das ist nicht nur der Mann, der die Frauen liebt, sondern einer, der die Frau in sich selbst liebt …«

»Ich glaube, eine Frau kann von allem enttäuscht werden bei einem Mann, aber sie kann immer noch den Respekt für ihn bewahren. Wenn er sie aber dazu bringt, den zu verlieren, das verzeiht keine Frau. Und woher kommt dieser Respekt? Wenn Sie mich fragen, aus der Konsequenz. Die ist das eigentliche männliche Prinzip …«

»Je mehr ein Mann darauf pocht, sich mit nichts zufriedenzugeben als dem vollkommenen Glück, desto besser seine Chancen, es zu finden. Weil die Frauen das spüren, dass er alles will. Und weil jede Frau im Tiefsten alles geben will!«

Alex **Joseph**

Mormone und Anhänger der Polygamie. Ehemaliger Marinesoldat. In Glen Canyon City, einer Wüstenkommune in Utah:

»Ich bin ein männliches chauvinistisches Schwein. Meine acht Frauen lieben das. Vielweiberei heißt, dass ich meine besten Eigenschaften entwickeln muss, um allen gerecht zu werden. Selbstverständlich ist das alles schon lang nicht mehr legal. Aber unser Prophet und Gründer Brigham Young hatte immerhin 27 Frauen und zeugte 56 Kinder mit ihnen. Sie wollen mit dem Sheriff darüber reden? Bitte, ich verbinde.«

Der Sheriff am Telefon: »Natürlich vergeht sich der Kerl gegen das Gesetz. Aber wer will ihm nachweisen, dass er überhaupt verheiratet ist?«

Nachher Gespräch mit den Frauen, zum Großteil junge hübsche Mädchen aus dem tiefsten Hinterland, warmherzige Landpomeranzen.

Margaret aus Montana: »Mein Vater hatte nur zwei Frauen, die sich aber richtig nahestanden. Sie waren nämlich Mutter und Tochter.«

Jonie aus Nevada: »Wir lieben ihn, und wir lieben einander. Und auch seine Liebe zu uns ist enorm gewachsen in letzter Zeit.«

Auch die körperliche?

Paulette, mich beiseiteführend: »Seufz, seufz. Dreimal in drei Monaten. Aber ich bin eben jetzt die Reifste, er weiß, dass ich warten kann … Wenn wir bemerken, dass eine von uns heute richtig geil ist auf ihn, dann schicken wir sie hinein. Natürlich muss es mit dem Kalender stimmen. Welchem? Aber wir sind doch alle scharf auf Babys! Wir denken überhaupt nur ans Schwangerwerden. Drei Küken gibt es bisher, die wir gemeinsam versorgen. Aber das reicht uns lange nicht. Wir haben alle so viel zu geben. So viel Liebe. Irgendwo muss sie doch hinfließen.«

Marcel **Jouhandeau**

Französischer Schriftsteller. Katholischer Ästhet, Homosexueller, wird oft mit Proust und Gide verglichen. Antisemit. Hat im Krieg viel mit Ernst Jünger verkehrt. Mit 40 heiratet er unvermutet die schöne Ausdruckstänzerin Cariathis, eine Hassliebe. Beschreibt seine Ehe in zahlreichen Büchern, aus denen er auswendig zitiert:

»Ich bin der Alchemist des Bösen ... Ich bin ein wenig wie Luzifer, anspruchsvoller als Gott ... Das einzige Wesen, das man liebt, das kann man nicht sehen. Denn man ist Rücken an Rücken mit ihm an das nämliche Kreuz genagelt.«

Edmond **Kaiser**

Schweizer Philanthrop, Gründer des internationalen Kinderhilfs-werks »Terre des Hommes«. In Lausanne:

Monsieur Kaiser (auf der zweiten Silbe zu betonen), Sie kommen geradewegs aus einem neunzehntägigen Hungerstreik. Zu welchem Zweck?
»Um gegen den Schweizer Waffenexport zu protestieren. Natürlich wird es nichts helfen. Außer meinem Gewissen. Übrigens ist Hungern ganz angenehm. Man erspart viel Zeit für bessere Dinge.«

»Ich habe schätzungsweise 30 000 Kindern das Leben gerettet, und noch kneipt mich mein Gewissen.«

Kaiser ist ein hageres, unansehnliches Männchen. An der Wand das Foto eines kleinen schwarzen Jungen, der Kaiser umarmt. Der Junge ist ohne Hände. Kaiser hat ihn adoptiert. Er hatte auch einmal ein eigenes Kind. Das Kind kroch in die Waschmaschine und kam nicht mehr als Ganzes heraus. Seitdem gibt es »Terre des Hommes«.

Wiedertreffen mit Edmond Kaiser in Kalkutta, nach Monaten des Kampfs um die Dreherlaubnis. Indien will, dass man seine Wolkenkratzer abfilmt, nicht seine Elendsquartiere, wie üblich. Eine Fütterungsstelle für Slumkinder, hunderte von ihnen. Wir unternehmen einen Kameraschwenk von den Kindern zu Kaiser. Spontaner Wutausbruch:

»Dort drehen, dort! Ihr seht sie ja gar nicht, die Kinder, ihr filmt sie bloß! Und ich, ich tue da mit! Ihr vergewaltigt das Elend, nur damit eure fetten Zuschauer was Aufregendes zu sehen kriegen!«

Dann fünf Minuten später, mit einer Milchdose von Nestlé in der Hand: »Wir schicken gleichzeitig Kondensmilch herüber und Panzer. Auf der Milch steht: Gespendet dank der großzügigen Hilfe des Schweizervolkes, des deutschen oder was immer. Auf den Panzern steht gar nichts. Die schießen bloß auf den Erbfeind, wer immer das gerade ist. Und wir kassieren!«

Flug nach dem Hungerdistrikt Siliguri in Bengalen. Kilometerlange Krankenstation, geleitet von einer einzigen serbischen Schwester. Dort ein kleines rachitisches Mädchen mit Krücken. Und

Kaiser plötzlich auf Deutsch (oder ist es jiddisch?): »Die ganze Geschichte von der Welt in diesen zwei Augen!«

Fahrt zu einem Mädcheninternat, das er auch unterstützt. Große Lobrede auf ihn, während er die entsetzlichsten Grimassen schneidet, um die Kinder zu amüsieren. Entdeckt dort eine Art Eigenbau aus Klavier und Blasebalg: »Ich bin ein Anhänger der Vielgötterei. Drei dieser Götter heißen Bach, Beethoven und Chopin.« *Entlockt dem Instrument die Hymne an die Freude, krächzt dazu den Originaltext. Dann wütend:* »Merde auf die Götterfunken. Warum sich immer an Höheres ranschmeißen? Alle Menschen werden Brüder, darauf kommt es an!«

Schließlich wieder bei ihm daheim in Lausanne. Spielt selbstvergessen Bach am Flügel, während eine junge Araberin namens Hoda, vielleicht auch nordafrikanische Jüdin, sich mit seinen Akten befasst. Ich erkundige mich, was ihn, der kaum ja isst oder schläft, noch zusammenhält. Kaiser, mit Blick auf sie, in ungefährem Deutsch: »Die Frau was mich liebt und was ich liebe.«

Paul **Kornfeld**

Ehemals berühmter Autor – z. B. »Blanche, oder Das Atelier im Garten«. In der Emigration vergessen. Irgendwo in Frankreich:

»Die Frauen haben eine große Seele, wenn sie lieben. Wenn sie aber nicht mehr lieben, dann haben sie oft überhaupt keine. Daher das doppelte Gesicht, das sie zeigen. Daher einerseits die Größe, die Tiefe, die Bedingungslosigkeit ihres Gefühls. Daher aber auch die Herrschaft der Dämonen über sie, ihre Uferlosigkeit, ihre geheimnisvolle Abgründigkeit. Und manchmal ihre Niedertracht, die auch der böseste Mann nicht begreift, ihre in den Sumpf ziehende Kraft.«

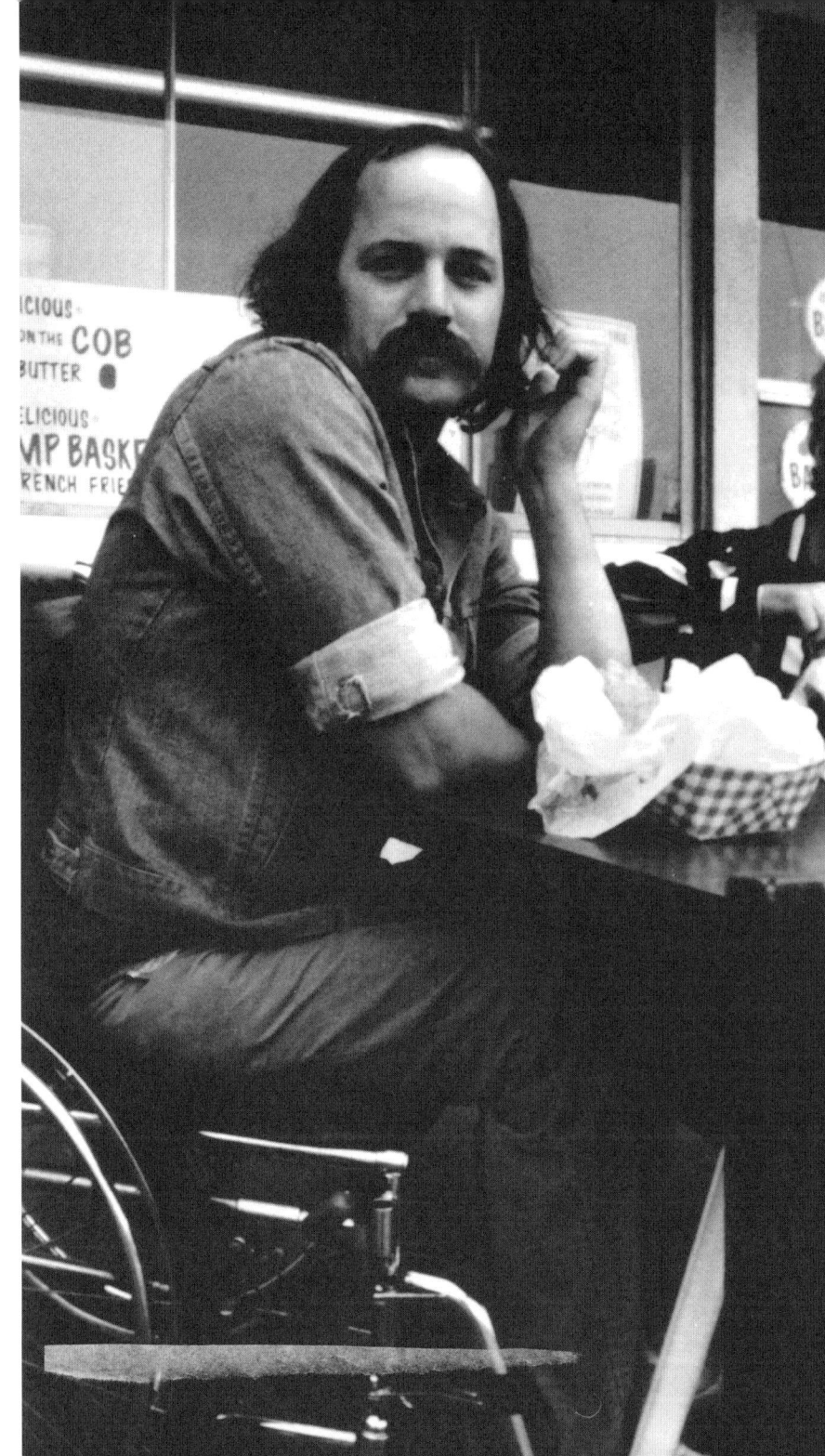

Ron **Kovic**

Querschnittgelähmter amerikanischer Vietnam-Veteran. Autor von
»Geboren am 4. Juli«. In Venice Beach, Kalifornien:

»Wir lagen im Dreck. Einmal ging unser Corporal pinkeln, ohne
dass ich es merkte. Bei seiner Rückkehr habe ich ihn irrtümlich
erschossen … Dann sollten wir ein vietnamesisches Dorf angreifen, wo wir einen feindlichen Spähtrupp vermuteten. Der Feuer-
überfall ist ein kompletter Erfolg. Nur sind es lauter Schulkinder,
die wir da in Stücke fetzten. ›O Jesus, o Gott, vergib uns!‹ schreien
die Ledernacken, während sie irrwitzig im Finstern versuchen, die
zerrissenen Gliedmaßen wieder zusammenzusetzen … Zuletzt
trifft mich dieser Schuss ins Rückenmark …«

»Irgendwann muss man aufhören zu hassen. Jahrelang spürte ich
in mir eine solche Verbitterung, dass ich fast explodiert wäre.
Aber vielleicht musste ich so viel von meinem Körper einbüßen,
um meine Seele zu finden … Ich habe entdeckt, dass wir nicht
aufgeben müssen, wenn eine Tragödie hereinbricht. Dass es eine
Riesenkraft gibt, im menschlichen Geist, um zu überwinden. Oft
wissen wir gar nichts von unserer Fähigkeit, uns zu wandeln, an-
gesichts schwerer Krisen. Aber wir können es. Der Schlüssel zur
Bewältigung der Qual sind Liebe, Vergebung, Mitgefühl. Und
auch Amerika kann seinen Frieden nur wiederfinden, wenn es
mit sich selbst ins Reine kommt.«

Karl **Kraus**

Wiener Zeitschriftenherausgeber der »Fackel«, Polemiker, Dramatiker, berüchtigt als der »große Hasser«. Da ich einen Dokumentarfilm über ihn plane, mit dem Schauspieler Helmuth Lohner in seiner Rolle, lese ich seine verzweifelten Botschaften an Baronesse Sidonie (»Sidi«) von Borutin, die auch von dem Dichter Rilke umworben wird. Es sind 1072 Briefe, Postkarten, Telegramme, zeitweise vier von einem einzigen Tag, und zumeist verfasst in »Liebestodesangst«:

»Alles was ich bin, gehört Dir. Willst Du's nicht?«

»Ich bleibe ewiger Knabe durch Dich.«

»Warum hast Du auf so lautes Herzklopfen nicht Herein gesagt?«

»Ringe in schwerster Lebensstunde nur um Erhaltung des Gewesenen, und dass ein gutes Wort diesem furchtbaren Herzbeben ein Ende mache.«

»Solchen Verlust erträgt kein Menschenherz, und gewiss nicht dieses sich anbetend für allen Weltenhass entschädigende …«

Einer der Gründe für Sidis Zögern ist eine von Rilke an sie gerichtete, versteckt antisemitische Epistel, die von einem »letzten unaustilgbaren Unterschied« zwischen ihr und Kraus doziert: »Er kann Ihnen nicht anders als fremd sein, ein fremder Mensch«.

Im Krieg wird das mährische Schlösschen der alternden Baronesse, nicht weit vom KZ Theresienstadt gelegen, zu einer deutschen Panzerwerkstatt. Der liebliche, von Kraus umschwärmte
Schlosspark, zu einem Truppenübungsplatz der Waffen-SS. Sidi
flieht nach England, lebt hinfort von Unterstützung. Einer ihrer
letzten Briefe: »Heimweh – ich habe eine Abneigung gegen dieses
jetzt so oft gehörte Wort. Heimatlos bin ich, seit Kraus uns verließ. Alles Übrige war dann nur Schale.«

MARR

Hedy **Lamarr**

Eigentlich Kiesler. Österreichisch-amerikanische Filmschauspielerin, Erfinderin. Erster Erfolg als Neunzehnjährige mit einem Nacktauftritt plus Orgasmus in dem Film »Ekstase« von Gustav Machaty (1933). Berühmter in Wien ist zu dieser Zeit nur die österreichische Nationalmannschaft, das »Wunderteam«, mit dem vergötterten Mittelstürmer Matthias Sindelar. Hedy, gerade ihrem ersten Gatten – von zirka sechs – entlaufen, dem Munitionsfabrikanten Fritz Mandl, wohnt jetzt in unserer Straße. Und wird von mir Gymnasiasten aufgelauert und um nicht weniger als drei Autogramme angegangen. Dazu Hedy lachend:

»Drei auf einmal! Bin ich denn schon so berühmt bei euch?«
»Nein, aber für drei von Ihnen bekomme ich eins von Sindelar!«

In Hollywood wird Hedy danach mit allen großen Filmhelden der Epoche spielen ... und ins Bett gehen. Nach einigen Jahren allerdings sackt ihre Karriere ab, trotz endloser Schönheitschirurgien. Sie verliert aber nie ihren bissigen Humor:
»Jede Frau kann eine Reklameschönheit werden. Es genügt, dass man stillhält und blöd dreinschaut.« *Auf die Frage, wie lang der Krieg noch dauern würde:* »Bis die Nazis Heil mit beiden Armen schreien!«

Zu dieser Zeit wandelt sie sich auch zur Erfinderin, entwickelt das elektronische »frequency hopping«, spätere Grundlage der GPS und Bluetooth-Technik. Stirbt verarmt und als Ladendiebin mit 85. Man hat ausgerechnet, dass der Wert ihrer Patente, hätte sie diese nur beantragt, heute um die 30 Milliarden Dollar betragen würde.

Frieda **Lawrence**

Witwe des britischen Autors D. H. Lawrence. Auf ihrer Ranch in Taos, New Mexico. Sie selbst eine geborene Freiin von Richthofen. Schwester des berühmten »Roten Kampffliegers« im Ersten Weltkrieg, Manfred von Richthofen. Verheiratet, zwei Kinder. Trifft dann den dürren, rotbärtigen Bergarbeitersohn Lawrence, damals kaum noch als Schriftsteller bekannt. Seine Passion reißt sie mit sich fort:

An der Isar, in dem Zwielicht
fanden wir die dunklen wilden Rosen
rot am Flusse hangen. Und kochende
Frösche schrien, und über der Flüsse Tosen
roch es nach Eis und nach Rosen. Und pochende
Angst war im Land. Wir flüsterten: Sei ohne Bangen,
lass uns tun wie entschlüpfende Schlangen
hier in dem kochenden Sumpf.

Der liebende Zusammenstoß zwischen dem potenten proletarischen Mannsbild und der Klassefrau, »deren Körper er zum Singen bringt«, wird dann, etwa in »Lady Chatterleys Liebhaber«, sein Paradigma bleiben. Aus einem Brief: »Man kann niemals, niemals im Voraus wissen, was Liebe ist. Gottseidank habe ich es erfahren.« Es ist Frieda, die mir, als ich ihr meine Herkunft verrate, das Poem vorliest, auf Englisch natürlich. Eine stattliche kettenrauchende und nun etwas stark gewordene Blondine mit leichtem deutschem Akzent. Ich selbst bin amerikanischer Student, auf großer Fahrt, per Anhalter meistens, hinunter nach Zentral-Amerika. Und La-

wrence habe ich eben an der Uni von Kalifornien durchstudiert. *Frieda blättert jetzt weiter im Briefband:*»Merkwürdig wie barbarisch einen die Liebe macht. Man befindet sich im ›Hinterland der Seele‹ *(diese Worte auf Deutsch).* Welche elenden Kerle sind doch die Engländer, dass wir die große Wildbahn unserer Natur so einzäunen.«

Danach Besuch des Schlafzimmers, bestückt mit den Gemälden, die »Lorenzo« – wie er hier genannt wird – einst für sie malte. Paradiesische Nacktbilder, wo er und Frieda im Korn liegen oder auf Bäumen hocken. Alles eher naiv als unanständig. Frieda:»Und sowas hat man damals für obszön gehalten – der Arme wurde ja als Pornograf verschrien.«

Dass ich, sentimentaler Literaturfex, zur Ranch per Leihpferd herausgeritten kam, empfindet Frieda als stimmig. Erzählt kichernd:»Auch wir sind zu der Zeit viel geritten. Und einmal, noch gegen Anfang, begann ich, ganz in seiner Phraseologie, von den ›dunklen Göttern‹ zwischen meinen Schenkeln zu schwärmen. Darauf er: ›Frieda, du hast zu viel in meinen Büchern gelesen!‹« *Dass in Wirklichkeit die Lady mehr Vitalität besaß als der lungenkranke Dichter, gehört zu den Ironien des Schicksals … und der Literaturgeschichte.*

Frieda empfiehlt mir zuletzt einige vielleicht noch nicht touristisch verseuchte Indianerstämme in Mexiko. Liest dazu weiter aus seinen Briefen:»Der Indianer, solange er rein bleibt, kennt nur zwei große Verbote: Du sollst nicht lügen. Du sollst kein Feigling sein. Und ein einziges positives Gebot: Du sollst das Wunder anerkennen.«

Was mich leider fatal an Karl May erinnert (den sie übrigens zu schätzen weiß).

Abschied von Frieda, die zu meinen Ehren ein etwas klamm sitzendes Dirndl angelegt hat, das vielleicht noch in ihre Brautzeit vor reichlich dreißig Jahren zurückreicht: »Er mochte das. Er war immer auf Authentisches aus. Ich fand das ein bisschen antiquiert, aber eine Frau gleicht sich eben an.« *Sie geleitet mich auch noch zu meinem Reitpferd:* »Schade, dass Sie meinen Mann nicht kennengelernt haben.« *Was auch ich zutiefst bedaure. Bis sich herausstellt, dass sie gar nicht Lorenzo meint, sondern ihren dritten Ehegatten, einen Italiener namens Angelo, der sie anscheinend schon kurz nach ihrer Hochzeit mit Lorenzo verführt haben musste.*

Auguste **Le Breton**

Eigentlich Yves Tréguier. Französisches Waisenkind, Gangster, Drehbuchautor von Filmen über die Unterwelt, wie z. B. »Rififi«. Befreundet mit Edith Piaf, die eben den jungen Théo Sarapo geheiratet hat. Gespräch in dem historischen Ganovenlokal »Balajo« in der Rue de Lappe:

»Edith heiratet sozusagen immer weiß. Jede neue Liebe ist ihre erste. Und bei ihr geht es jederzeit um die Wurst. Nie ein Nachlassen der Spannung. Sie ist immer die Spielmeisterin, die die Puppen tanzen lässt. War man im Restaurant, so mussten wir alle das Gleiche bestellen wie sie. Brauchte jemand Geld, so schickte sie sofort einen Scheck. Und sie selbst fischt sich jedes Mal diese Männer heraus, auch wenn sie bloß halb so alt sind, wie z. B. dieser Sarapo. Nur um nachher eigenhändig wieder alles kaputt zu machen. Und warum? Vielleicht weil nie ein Mann fähig war, sie auf Touren zu bringen. Sie empfindet nichts im Bett. Frigid wie ein Eisschrank, um es deutlich zu sagen. Jeden Neuen feiert sie dann als kommenden Erlöser, besonders wenn er um zwei Köpfe größer ist als sie. Und woher das alles kommt? Wahrscheinlich weit zurück, von ihrer Kindheit her, im Elend auf der Straße ...«

»Letztlich glaube ich, die Piaf erlebt ihren Orgasmus da oben auf der Bühne, mit dem Publikum. Es ist die totale Hingabe. Und die totale Besitzergreifung. Aber ist das nicht die Definition der Liebe?«

Joan **London**

Tochter des amerikanischen Abenteuerschriftstellers Jack London –
»Wolfsblut«, »Der Ruf der Wildnis« u. a. Gewerkschaftlerin, die sich
vor allem der mexikanischen Landarbeiter quer durch Kalifornien
annimmt. In San Francisco:

»Ich bin Jack Londons ältere Tochter aus erster Ehe. Er hat uns
früh verlassen, um eine Frau zu heiraten, die er für was Feineres
hielt. Und dann noch dieser Name: Charmian! Wie sollte ein
Wortmensch wie Jack dem widerstehen?«

*Wir sitzen in Joans einfacher Wohnung. Das Äußere der Tochter
eines so fabelhaft aussehenden Naturburschen birgt leider kaum
Ähnlichkeit mit ihm. Als wollte sie mit Gewalt ihre Distanz aufzei-
gen zu dem wenig geliebten Vater:*

»Als kleines Mädchen schrieb ich ihm einmal meine Klage, er
verstehe mich nicht, er könne meine Wahrheit nicht begreifen.
Darauf kam ein Brief, den ich bis heute nicht vergessen kann:
›Zeige mir das Antlitz der Wahrheit, wie du es siehst. Die Wahrheit
ist das Größte auf Erden. Wenn du groß sein willst, musst du wahr
sein. Wenn du die Wahrheit unterdrückst, wenn du nicht aufstehst
in der Öffentlichkeit und die Wahrheit sagst, dann bist du umso
weniger groß.‹ Daran habe ich mich immerhin gehalten. Er weniger. Mein Vater war ein Naiver. Er hatte keine Ahnung, besonders nicht von Frauen. Und er wollte gleichzeitig Marxist sein und
Nietzscheaner! Das ging eben nicht. Oder es ging nur im Alko-
holrausch. Darum ist er auch mit nur vierzig gestorben. Freiwillig,
obwohl seine Frau das immer ableugnete …«

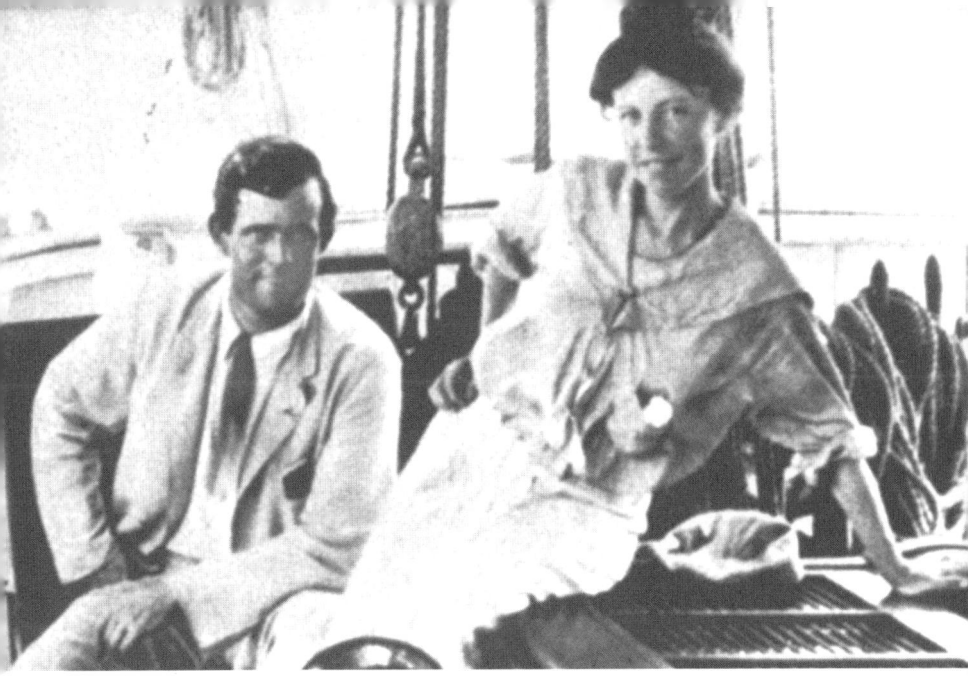

Woran erinnern Sie sich noch bei Jack?

»Wir sahen ihn ja selten. Aber er schickte uns regelmäßig seine Bücher mit unvergesslichen Widmungen darin: ›Um in Fülle zu leben, muss der Mensch sich vom Leben blenden, von seinen Sinnen umgarnen lassen … Das Treppenhaus der Zeit hallt wider vom Aufstieg der Holzschuhe und vom Abstieg der Lackstiefel …‹ Und zuletzt noch, ich darf Ihnen das vorlesen: ›Aufzustehen, auf meinen eigenen zwei Füßen zu stehen, dem Leben ins Auge zu blicken so wie es ist, den Tod an sich herankommen zu sehen mit Haltung, alle Dinge des Lebens zu kennen und mich selbst nur für ein Ding in diesem Leben zu halten … so habe ich gelebt, roh vielleicht aber frei und offen. Ich schäme mich nicht meines Lebens. So wie es war, es war meins.‹«

Sie weint. Eine alte verbitterte Frau. Fünfzig Jahre ist das jetzt alles her.

Renée **Maeterlinck**

Französische Schauspielerin, Witwe des belgischen Dramatikers Maurice Maeterlinck – »Pelleas und Melisande«. In der phantastischen Bauruine eines nie fertiggestellten Kasinos bei Nizza, danach Wohnsitz von Maeterlinck, von ihm genannt »Orlamonde« – aus der Welt. Renée, einst berühmt schöne Frau, jetzt halbseitig gelähmt, wir dürfen sie nur im Schattenriss betrachten:

»Ich habe nichts zu erzählen als meine Ehe. Aber was heißt dieses leere Wort: Ehe? Es gibt die Liebe, mein Herr. Die 35 Jahre mit Maeterlinck sind so schnell vergangen wie Ihre wenigen Augenblicke hier. Aber es ist ja unmöglich, das Glück zu beschreiben. Man kann eine Katastrophe beschreiben, vielleicht sogar ein Wunder, aber nicht das alltägliche Glück. Es war wie ein andauerndes Lächeln … eine göttliche Leichtigkeit … es war wie das Einzige, das wir vom Himmelreich kennen …«

John **Malkovich**

Amerikanischer Schauspieler, Gründer der Theatergruppe »Steppen-wolf« in Chicago. Bei Filmaufnahmen vor dem alten Stammschloss des Marquis de Sade im Luberon, Südfrankreich:

»Sadist? Nein, ich bin kein Sadist. Auch nicht das Gegenteil. Ich bin überhaupt nichts als ein Schauspieler. Die Produzenten finden, dass ich wie ein Schurke aussehe, also spiele ich Schurken im Krimi. Ich spiele sie so echt wie ich kann. Ein Krimi ist ja immer nur so gut, wie der Schurke böse ist. Dixit Hitchcock.«

Obwohl John in der Gegend ein Haus besitzt, in dem seine Lebensgefährtin (er sagt immer girl friend) mit seinen zwei Kindern lebt, weigert er sich, uns dahin zu bringen:
»Als Schauspieler bin ich zu allem bereit. Als Privatmensch zu gar nichts.«

Wie ist das mit den Frauen?
»Was soll mit ihnen sein?«

Sie gelten ja als ein Mann, der kein anderer Mann je sein möchte. Aber mit dem jede Frau ins Bett gehen will. Ist es die Aussicht auf das Böse in Ihnen, das Sie für die Frauen so anziehend macht?
»Manchmal schaue ich mir tatsächlich die Frauen an, die diesen gewissen Blick drauf haben, und ich sage mir: Get a life! Führt euer richtiges Leben. Ich glaube wirklich, dass die Frauen eine viel dünnere Trennwand haben zwischen ihrem Alltag und ihrer Fantasie. Sie rutschen leichter von einem ins andere. Und Frauen verlieren auch nie das höchste Ziel aus den Augen.«

Welches Ziel, bitte?
»Wenn Sie es nicht weitersagen: Vielleicht den Männern das Blut auszusaugen, um es durch besseres zu ersetzen.«

Kommt dann auf Marlon Brando zu sprechen, und die Psychologie des »Method-Schauspielers«:
»Ja, der Marlon. Der muss immer seine Rollen voll ausleben. Der braucht seine Südseemädchen, seine Motorräder und Bongotrommeln. Ich nicht. Man muss nicht auch im Leben verrücktspielen, um einen Verrückten zu spielen.«

Die Schauspielerei gibt einem aber auch die Chance, alles loszuwerden?
»Meine bösen Triebe, meinen Sie? Ich fürchte eher, die Echtheit meiner Gefühle überhaupt.«

Die man dann nur mehr den andern vorspielen kann?
»Das Paradox des Schauspielers. Er rührt mit den Dingen, die er den andern vormacht. Und kann nicht mehr an seine eigenen heran.«

Gibt es da ein Mittel dagegen?
»Die Distanz zu seinen Rollen, glaube ich. Sie mit einem gewissen Abstand spielen. Nicht von ihnen verschlungen zu werden wie Brando. Dann muss man sich auch nicht anfressen wie er. Oder umbringen wie Marilyn.«

Ihre Glatze ist dann auch ein Zeichen Ihrer Echtheit?
»Echt!« *(Streicht sich über den kahlen Schädel):* »Ich glaube, mein girl friend merkt gar nicht, das ich keine Haare mehr habe. Wozu ist man Schauspieler, das heißt Hypnotiseur? Ich suggeriere ihr meinen Krauskopf, also habe ich einen. Übrigens sind Frauen mehr an ihren eigenen Haaren interessiert, oder?«

Anna **Magnani**

Italienische Schauspielerin – »Rom, offene Stadt« u. a. Langjährige Gefährtin von Roberto Rossellini. Bei Außenaufnahmen eines französischen Schmachtfetzens, »Der Schatz der Josepha«. Lässt sich mit Ächzen und Krächzen auf ihren Faltstuhl fallen, vertauscht die hochhackigen Schuhe mit Pantoffeln:

»Wer? Wer ist dieser Herr? Ich brauche keine Werbung mehr, ich bin ohnehin bloß noch eine alternde Schönheit … Si, si, es ist besser, einen schlechten Charakter zu haben als gar keinen … Die Welt wäre feiner raus, wenn sie von Frauen regiert würde, obwohl auch die meisten Weibsbilder nichts taugen … Es ist besser, Runzeln im Gesicht zu haben, als Runzeln im Hirn … Welle? Was für Neue Welle im Film? Ach was, Wellen steigen und sinken …«

»Wer, Rossellini? Ein Großbürger. Keine Ahnung vom italienischen Volk, das musste ich ihm erst beibringen. Und dann auf einmal will er mit dieser Blonden zusammen sein, dieser Bergman. Una bionda! Um sich zu erneuern, sagt er. Wenn Sie mich fragen, wollte er ihr bloß Kinder machen. Ein Italiener muss Kinder produzieren, nur so kommt er weg von seiner Mamma, erst dann fühlt er sich als Mann. Arme Ingrid, ich hätte ihr das alles vorhersagen können, aber mich fragt ja keiner! Schauen Sie sich bloß die Filme an, die Roberto jetzt macht. Oder die Filme, die ich mache. Nur diese Ingrid schwimmt obenauf wie ein Fettauge. Die kühle Blonde aus dem Norden. Sie werden sehen, sie überlebt uns alle …«

Hélène **Martini**

Genannt die Kaiserin der Nacht, Besitzerin der Folies Bergère und anderthalb Dutzend anderer Lokale, zumeist im Sexbusiness am Pigalle:

»In diesem Milieu gibt es nur zwei Arten von Männern: Die einen sind schlecht, die andern sind dumm. Und die Dummen sind gefährlicher als die Bösen.«

Hat man je versucht, Sie übers Ohr zu hauen?
»Aber man versucht es in diesem Moment, da bin ich ganz sicher. Man begaunert mich, aber innerhalb gewisser Grenzen.«

Und wie hoch setzen Sie diese Grenzen an?
»Zehn Prozent ungefähr. Ich nehme es hin, weil es normal ist. Für mich ist die Welt von Wölfen bevölkert. Und ich, ich heule mit den Wölfen. Der Pigalle ist nur ein blasses Abbild davon … Sehen Sie, ich bin Russin von Geburt. Derzeit lese ich viel Gogol. Er sieht die Welt ohne Illusion, aber mit Humor. Ich hoffe, dass auch Gott mich mit Humor sieht.«

Groucho **Marx**

Amerikanischer Filmkomiker, der mich einst als Tramper auf dem Sunset Boulevard in Los Angeles mitnahm:

»Wohin so eilig, junger Mann? Zur Uni? Aha, ein Intellektueller! Wissen Sie, dass die Selbstmordrate von euch Hirnakrobaten doppelt so hoch liegt wie die meine? Vom vorzeitigen Samenerguss gar nicht zu reden …«

»Ich nehme an, Sie wollen Drehbuchautor in Hollywood werden wie alle andern? Dann lassen Sie sich zur Abschreckung eine Story erzählen. Da hatte ich doch eines Nachts im Traum diese fabelhafte Drehbuchidee. Das Originellste was es je gab. Ich raffe mich also auf und notiere im Finstern alles in Stichworten. Natürlich sprinte ich am folgenden Morgen gleich hin, und was finde ich da? Sie dürfen es erraten: *Boy meets girl.* Sie lachen? Es ist der beste Ratschlag, den man Ihnen je gegeben hat. Mit anderen Worten: Schreiben Sie nie ein Drehbuch ohne Sex, aber nennen Sie es immer Love, kapiert?«

Und woher nehmen die Marxe eigentlich ihren hirnverbrannten Humor?
»Weil die ganze Welt so meschugge ist wie wir, deswegen. Zum Beispiel, kann es etwas Irrsinnigeres geben als den menschlichen Geschlechtsverkehr? Wobei man doch immer befürchtet, dass man ineinander stecken bleibt wie die Hunde. Und dann als siamesisches Liebespaar durch die Lande ziehen muss …«

»Ah, wir sind schon da? Also alles Gute zum Studium. Und werden Sie lieber Karl Marx als Groucho Marx! Dann können Sie sich wenigstens einen echten Bart wachsen lassen anstatt eines angemalten!«

William Somerset **Maugham**

Britischer Autor – »Des Menschen Hörigkeit« u. a. Im Park seiner Villa »Mauresque« bei Saint-Jean-Cap-Ferrat:

»Geschlecht ist Schicksal, wer hat das gesagt? Ich glaube, es war Ihr Nietzsche … Ursprünglich dachte ich ja, ich wäre zu 90 Prozent wie andere Männer, und zehn Prozent homosexuell. Während es sich in Wirklichkeit eher umgekehrt verhielt. Nur vergessen Sie nicht, ich war schon ein junger Mann in London, als Oscar Wilde verurteilt wurde. Und zum Märtyrer fühlte ich mich nicht berufen. Also habe ich geschwiegen.«

»Warum ich dann geheiratet habe? Und sogar ein Kind gezeugt? Warum hat Oscar Wilde geheiratet, und einen Sohn gezeugt? Vielleicht, damit unser Genie nicht ausstirbt, haha. Aber dann hatte ich doch dieses Stottern, das meine ganze Jugend ruiniert hat. Im Tiefsten muss ich gedacht haben, eine Frau kann mich davon kurieren. Ich hielt ja Frauen für Magierinnen, ob ich nun mit ihnen schlafen wollte oder nicht …«

»So, und jetzt ist die versprochene Minute um. Ich hoffe, ich war genug unterhaltsam für Sie. Vergessen Sie nie, Kunst will vorab unterhalten, aber sagen Sie es nie laut. Weil unsere seriösen Kritiker ja das Vergnügen mit Schwefel begießen …«

»Noch etwas zum Abschied? Gut, eine Geschichte. Ein orientalisches Märchen. Ein junger Diener sieht auf dem Marktplatz von Bagdad den Tod stehen, der ihm zuwinkt. Und er bittet seinen Herrn: ›Leih mir dein schnellstes Pferd, damit ich nach Samarra reite, wo der Tod mich nicht finden wird.‹ Es geschieht, und der Herr begibt sich auf den Markt, wo er den Tod an der nämlichen Ecke stehen sieht. ›Mein Diener ist jung und gesund, warum hast du ihn zu dir gewunken?‹ ›Ich habe ihn nicht herbeigewunken‹, spricht der Tod. ›Es war nur eine unwillkürliche Geste der Überraschung, ihn noch in Bagdad zu finden. Während ich doch heut Nacht mit ihm verabredet bin in Samarra.‹«

Walter **Mehring**

Einst als Lyriker rotzfrecher Berliner Bürgerschreck, in Kiellinie mit Kästner und Tucholsky. In der Emigration vergessen. Grast mit Koffern voller unverkäuflicher Original-Manuskripte die deutschen Verleger ab. Und da wir damit im Einzugsgebiet von Franz Kafka sind, ist ihm auch einer dieser Koffer, so wie im Roman, im Zug gestohlen worden. Beredet jetzt Fritz Picard von der Pariser deutschen Buchhandlung »Calligrammes« in der Rue du Dragon, seinen letzten Gedichtband »Arche Noah SOS« in die Auslage zu stellen. Zu mir:

»Kaufen Sie mir eins ab, dann schreib ich Ihnen auch ne scheene Widmung hinein.«

(*Schließlich beim Weggehen*): »Wissen Se was? Die können ja gar nicht erwarten, mich als Emigranten abkratzen zu sehen, um mich als Exil-Literatur wieder aufzuarbeiten. Kaum geht man ein zur großen Mutter, schon ist man Germanistenfutter. Sela.«

Melina **Mercouri**

Griechische Schauspielerin. In ihrer Pariser Wohnung, als Flüchtling vor der Athener Obristendiktatur:

»Ich kann mir nicht vorstellen, dass ich je einen Mann ansehe, den ich mir gewählt habe, und dass er auf meinen Blick nicht reagiert.«

Russ **Meyer**

Amerikanischer Sexfilmer, Busenfetischist –»Im tiefen Tal der Super-
hexen«, »Die Satansweiber von Tittfield« u. a. Schreibt gerade an
seiner Autobiografie: 1200 Seiten, 2400 Fotos – alle ausschließlich
über seine Besessenheit für»big boobs«. Gespräch in seinem Wohn-
haus plus Atelier in Beverly Hills, dicht unter dem Hollywood Sign.
Zeigt uns die uralte deutsche Arriflex, mit der er schon als Kriegs-
berichterstatter gedreht hat:

»Da habe ich es gelernt: Draufhalten und nicht kneifen, was im-
mer passiert. Ich bin ein klassischer Cineast mit einem einzigen
Thema, dem Monumentalbusen. Ich bin ein Originalgenie, der
Orson der Oberweiten, der Zanuck der Zitzen …«

»Ich war mehrmals verheiratet, immer mit meinen Hauptdar-
stellerinnen. Meine erste große Liebe war Eve Meyer, 99-63-88.
Dann kam Edy Williams (99-55-98), und so in immer weiterer
Steigerung … Mit jedem neuen Film durchbreche ich meine
Grenzen. Vor ein paar Jahren hielt ich noch eine BH-Größe 42,
jetzt bei 46 …«

Ich frage ihn, wo dergleichen Himmelstürmerei enden würde?
»Es gibt keine endgültigen Rekorde auf der Welt: Auch die
Vierminutenmeile hat man einst für unerreichbar gehalten.«
Wie zum Beweis dazu vierte und bisher letzte Eheschließung mit
Debra Angela Masson (105-65-95)! Zum Abschied fragt er mich,
wie ich als»deutscher Cineast« seine Arbeit einschätzen würde. Ich
antworte ehrlich aber leider etwas unvorsichtig, dass mich seine

früheren Filme am meisten beeindruckt hätten. Das Halluzinato-
rische darin, der instinktive Gebrauch des amerikanischen Mythos
»Sex, Gewalt und Autos«. Während er jetzt seinem Tittenwahn allzu
sehr die Zügel schießen lasse, bis ins Groteske.

Russ – dem meine Kollegen nur zu oft versichert haben müssen er sei der Leithirsch von Hollywood – zieht wütend allerhand
Schubladen auf und knallt sie wieder zu, wie auf der Suche nach
seiner Kriegspistole Modell Fünfundvierzig Magnum. Dann:

»Wer das Maul so voller Scheiße hat wie du, der sollte es erst
gar nicht aufmachen!«

Arthur **Miller**

Amerikanischer Dramatiker – »Tod eines Handlungsreisenden«, »Alle meine Söhne« u. a. Zu Besuch in Paris mit seiner neuen Frau – nach Marilyn Monroe –, der Wiener Fotografin Inge Morath. Ich frage nach der Quelle seiner Inspiration:

»Der eigenen Vergangenheit rückhaltlos gegenübertreten. Das muss jeder Mensch früher oder später. Und auch jedes Volk, will es nicht eine sinnlose Existenz führen. Sagen Sie das den Deutschen. Sich mit den Opfern identifizieren anstatt mit den Tätern, das ist, was wir alle lernen müssen.«

Kommt auf sein Monroe-Stück zu sprechen, »Nach dem Sündenfall«. Versteht nicht, dass man diese Abrechnung, so bald nach ihrem Tod, für verfrüht halten muss, daher der Misserfolg. Aber:

»Ich bin doch auch mit mir selbst ins Gericht gegangen, nicht weniger als mit ihr. Ich habe nur versucht, die Gewichte richtig zu verteilen, wie es eben die Aufgabe des Schriftstellers ist.«

Hat keinen Instinkt dafür, dass es gerade solche gottähnliche Gewichtverteilung gewesen sein mag, die Marilyn zur Verzweiflung brachte.

Henry **Miller**

Amerikanischer Autor – »Wendekreis des Krebses«, »Stille Tage in Clichy« u. a. Später Maler. In seinem Bungalow in Pacific Palisades, Los Angeles:

»Lebenslang sind mir die wahnsinnigsten Dinge passiert. Ob der Zufall dich daheim trifft oder nicht, hängt ja von dir selbst ab … Ich habe immer für den Augenblick gelebt. Nicht belastet von Vergangenheit und Schuld, nicht bangend vor der Zukunft. Was kam das kam, und war gut so. Ich habe auch nie das eine Liebesverhältnis mit der nächsten Frau weitergeführt … eine vorprogrammierte Pleite. Und so viele Frauen waren es ja schließlich gar nicht. Dreißig, vierzig? Natürlich, wenn man es liest, klingt es wie tausend.«

Befasst sich darauf mit seinem neuen Aquarell, auf das er Farbe herunterträufeln lässt.
»Sehen Sie, immer ganz spontan. Immer das Unbewusste hochspülen lassen. Nie etwas wollen, lieber darauf warten, dass ES will. Und ES will immer, solange man nur offen bleibt, zugänglich und verwundbar …«
Überprüft sein Aquarell, ein Aktbild seiner neuen japanischen Frau Hoki.
»Ach, wissen Sie, der körperliche Vorgang ist doch immer identisch. Das einzig wirklich Interessante ist die Frau, die dran hängt. Und wie kann man sie sich ganz einverleiben? Genau wie bei der Natur und allem Übrigen: indem man sich selbst herschenkt. Ich war immer verliebt, immer neu …«

»Passen Sie auf, das worum es geht: den Augenblick ausfühlen, aber sich an nichts festkrampfen. Ihre ganze Erfahrung bekommt nur einen Sinn, wenn es sich in dem ausdrückt, was Sie im Augenblick tun …«

»Ich weiß nicht, ob ich je ein großer Autor war. Aber ich war immer ein großer Erleber. Und wissen Sie was? Vielleicht schließt das eine das andere aus? Dann habe ich trotzdem den besseren Teil gewählt.«

Yves **Montand**

Französischer Chansonsänger, Schauspieler. Von Edith Piaf für die Bühne entdeckt und kurzfristig ihr Liebhaber. In Hollywood berühmtes Liebesverhältnis mit Marilyn Monroe während der Dreharbeiten zu »Let's make love«. Gespräch in seiner Pariser Wohnung Place Dauphine:

»Natürlich hatte ich Angst vor Marilyn. Es gibt ja da diese Schauergeschichten von, was weiß ich, Tony Curtis: ›Wie wenn man Hitler umarmt.‹ Ich aber hatte kein Problem mit ihr. Weil ich mich nämlich als ihr Kumpel fühlte, oder großer Bruder. Genau was sie brauchte. Sie und ich, ganz wie die Piaf, kamen ja von der Straße her. Nichts wie Komplexe der großen Welt gegenüber. Der arme Arthur Miller, der war eben kein Komödiant. Wusste gar nicht, wie ein Schauspieler funktioniert. Sie jammerte ja Tag und Nacht, wie oberfaul sie von den Filmleuten behandelt würde. Und der arme Miller fiel drauf rein, kletterte für sie auf die Barrikaden. Aber ich, ich blickte da durch: ›Das ist nicht der Produzent oder Regisseur, das bist du‹, sagte ich ihr. ›Weil du einen Heidenbammel hast, dich zu blamieren. Deswegen hüpfst du auch mit jedem ins Bett: Damit sie nicht merken, für wie doof du dich hältst. Ich weiß das, ich war auch so. Mich hat die Piaf gerettet, jetzt gebe ich das an dich weiter.‹ So war das. Ich wusste sie als Mensch zu nehmen und nicht bloß als Weib.«

Die große Verliererin bei der Sache ist allerdings Yves' Frau, die vor aller Öffentlichkeit betrogene Simone Signoret. Die immerhin auf die unvermeidlichen Reporterfragen zurückblaffte: »Und Sie, hätten Sie nein gesagt?«

Jan **Morris**

Ehemals James. Transsexuelle britische Reiseschriftstellerin. War einst Abwehroffizier in einem Kavallerieregiment. Bärtiger Auslandskorrespondent. Kletterte im Himalaya bis auf 7000 Meter. War verheiratet, zeugte fünf Kinder. Geschlechtsumwandlung der Kinder wegen erst in ihren Vierzigern. Treffe sie auf Wunsch in Venedig. Sie wenig feminin, was mich in einige Verwirrung stürzt. Sie plaudert:

»Hier am Rio Trovaso habe ich meine Flitterwochen verbracht mit Elisabeth. Die ekstatischste Zeit meines Lebens. Es war eine Ehe, die nicht klappen konnte, aber geklappt hat wie ein Traum. Weil wir so innig aufeinander eingestimmt waren, dass sogar unsere Gesichter identisch wurden!« (*Zeigt Foto – es stimmt!*)

»Wenn man die Persönlichkeit nicht dem Körper anpassen kann, ist es gerechtfertigt, den umgekehrten Weg zu gehen. Folgten acht Jahre Hormonbehandlung, in denen ich mir als ein androgynes Fabelwesen vorkam – ein beseligender poetischer Zustand. Und ein Alptraum. Dann die endgültige Operation in Casablanca.«

Und wie hat Ihre Leserschaft reagiert?
»Die berühmte Kritikerin Rebecca West schrieb herablassend: ›*He was a better author than she.*‹ Und vielleicht stimmt es auch. Im Detail bin ich jetzt besser als früher. Aber die großen Zusammenhänge – *God help us.*«

Anderntags Fahrt zu dem Landhaus in Wales, wo Frau Elisabeth, verblühte Schönheit, mit der jüngsten Tochter Sukie wohnt. Innige Umarmungen. Jan: »Wir haben noch lange zusammen gelebt wie zwei Schwestern. Wir liebten uns ja. Daher haben die Kinder nie den Zusammenbruch einer Ehe erlebt, keinen Verrat der Liebe. Nur eine verwirrte Seele, die zu sich selber fand ...«

Holt zuletzt für Elisabeth den eben bestellten Grabstein für sie beide aus dem Kofferraum. Darauf die Inschrift: »Hier liegen zwei Freunde am Ende eines Lebens«. *Dazu abschließend:* »Nicht nur weil ihr und mein Leben eins sind. Sondern auch, weil dies nur eines ist von vielen Leben.«

Anaïs **Nin**

Amerikanische Schriftstellerin, in Paris geboren. Zusammentreffen im Café La Coupole, wo sie an ihrem ewigen Tagebuch schreibt, bisher angeblich 15 000 Seiten. Kleines sanftes Persönchen, dem man nichts von den sexuellen Ausschweifungen zutraut, die das Tagebuch enthalten soll. Eintreffen ihrer Freundin, der Schauspielerin Jeanne Moreau. Gewisper zweier Turteltäubchen:

Jeanne: »Die Art, wie eine Frau denkt, in Umwegen und Abkürzungen, führt zu dauernden Missverständnissen beim Mann. Das bringt dann wieder die Frau aus dem Gleichgewicht.«
Nin: »So verlegen wir uns auf Konzessionen und verlieren unser Eigentliches.«
Jeanne: »Sie haben als erste die Frau mit sich selber ausgesöhnt.«
(*usw.*)

Nin ist seit Jahren verheiratet – und lebt auch fallweise in New York – mit einem Gatten namens Ian Hugo, einem Filmemacher und früheren Bankier. Dazu eine in Paris zirkulierende Anekdote. Journalist zu Anaïs Nin: »Wie viele Gatten haben Sie eigentlich in Ihrem Leben gehabt? *Nin:* »Einschließlich meines eigenen?«

Hin zu dem Sackgässchen Villa Seurat am Montparnasse, wo Nin lange mit Henry Miller und auch dessen Ehefrau June gelebt hat. Sie zitiert aus dem mitgebrachten Tagebuch: »Henrys Augen sind kalt, aber sein Mund voll und sinnlich. Er ist ein Mann, den das Leben trunken macht …«

»Henry sagt, dieses Haus ist ein Seelenlabor. Jedes Gefühl geht hier durch Röntgenstrahlen … Ich selbst möchte jetzt nur mehr für die Ekstase leben. Eine Sexualität, um alle Thermometer zu sprengen …« *Dann zu uns:*

»Was ihn an mir angezogen hat? Wahrscheinlich das Geheimnis Frau. Ich konnte ihm June erklären und mich selbst. Er war verrückt danach, herauszufinden wie Frauen fühlen. Deswegen gab es zwischen uns eine Absprache: keine Lügen! Die meisten von uns kennen ja ihre Beweggründe nicht. Aber ich, ich kannte meine. Ich glaube, mein Hauptantrieb war, dem weiblichen Masochismus zu entkommen.«

Schließlich noch ans Seine-Ufer, wo Nin zeitweise auf einem Hausboot wohnte. Zusammen mit dem Charakterdarsteller Michel Simon und dessen zahmen Affen (bis diese dort seekrank wurden).

151

Michel trifft in einem Wagen ein, den wir für ihn bestellten. Er hat durch einen Unfall Jahre aus seinem Gedächtnis verloren, bemüht sich jetzt sie wiederzugewinnen. Michel (zu uns): »Mein Leben lang hat man mir gesagt, dass ich hässlich bin. Wissen Sie, was bei den Frauen wirklich zählt: lebendig sein.«

Nin (auf die Bahnhofsuhr der Gare d'Orsay deutend): »Michel, wissen Sie noch, was die immer geschlagen hat? Man muss lieben, lieben, schnell, schnell, die Zeit vergeht, die Zeit vergeht …«

Dann zu uns: »Lieben heißt vor allem herschenken. Je mehr Sie geben, desto reicher sind Sie geworden …«

Michel: »Alles ist Eros – ein einziges Angezogensein und Abgestoßenwerden. Keine Errungenschaft, die es wert wäre, dass man diesen Strom einengt. Wer das nicht fühlt, ist tot.«

Edith **Piaf**

Eigentlich Gassion. Französische Chansonsängerin. Die Zahl ihrer unvergesslichen Lieder ist Legion, die Zahl ihrer Liebhaber nicht minder:

Ein unbekannter Liebesbrief ist kürzlich aufgetaucht, an den Radrennfahrer, den sie Toto nannte: »Ich glaube nicht, dass mich ein Mann je so genommen hat wie du, als ob ich zum ersten Mal Liebe machen würde … Was ich über alles brauche, ist ein Kind von dir … Ich verspreche dir, nicht mehr zu trinken. Du sollst mein kleiner Professor sein, dem ich blindlings vertraue …« *Wenige Monate später heiratet Edith den Chansonsänger Jacques Pills, der aber auch nur vier Jahre vorhalten wird.*

Der letzte in der Reihe ist nun der Friseurgehilfe Théo Lamboukas,
halb so alt und doppelt so groß wie sie, den sie Sarapo taufen wird,
griechisch (in etwa) für »ich liebe dich«. Nach der Hochzeit ein
hinreißender Auftritt der beiden im Olympia mit dem Duett »Wozu
die Liebe gut ist«. Gefolgt von einem auf fünf Minuten anberaum-
ten Kurzinterview hinter der Bühne:

Edith, was braucht eine Frau vor allem, um glücklich zu sein?
»Die Liebe – und eine Aufgabe, die sie ausfüllt.«

Und um eine erfolgreiche Sängerin zu werden?
»Das weiß ich nicht. Ich singe einfach, das ist alles.«

In Ihrem Leben, hat da Glück oder Unglück überwogen?
»Das gleicht sich aus. Aber ich bin immer zehnmal so glücklich
und zehnmal so unglücklich wie alle übrigen Menschen.«

Sie haben ja, wie wir wissen, eine furchtbare Kindheit hinter sich.
Wenn Sie neu anfangen könnten, würden Sie ein anderes Leben
wählen?
»Nein, haargenau dasselbe Leben!«

Sind Sie sich bewusst, dass viele Leute sich über Ihre Heirat lustig
machen?
»Ich heirate ihn ja, nicht sie.«

Was lieben Sie am meisten auf der Welt?
»Die Liebe, und meinen Beruf.«

Und was hassen Sie?
»Alles Übrige.«

Wenn Sie nicht Sängerin wären, was möchten Sie sein?
»Tot.« *(Lacht)*

Zweieinhalb Jahre später ist Edith Piaf dann gestorben. Besuch bei ihrem Witwer, Théo Sarapo, jetzt 28, in der Wohnung am Boulevard Lannes, die sie ihm – nebst einem Berg von Schulden – hinterlassen hat.
Théo: »Wir waren zwei verlorene Kinder, wir haben uns gegenseitig die Rettungsringe zugeworfen … Das Leben mit Edith war ein dauerndes Abenteuer. Wer um sie war, ihre ›Familie‹, der konnte sich auf das Unmöglichste gefasst machen. Es passierte einfach. Sie lebte ja immer am Abgrund. Und drei Tage nach dem Unfall, oder wenn sie wieder mal im Spital lag wegen Alkohol oder Drogen, drei Tage danach begann ihr Lebensfunke wieder zu glühen, mit einer unbezähmbaren Vitalität. Wer diese Luft geatmet hat, der wird bis an sein Ende versuchen, sie wieder um sich zu schaffen. Das ist das Größte, was ich von Edith gelernt habe, diese … Lust am Schicksal.«

Zwei Jahre später ist dann auch Théo gestorben, bei einem Autounfall. Ediths Schulden blieben unbeglichen.

Pablo **Picasso**

Spanischer Maler in Paris. Ausspruch berichtet von seiner damaligen Lebensgefährtin, der um vierzig Jahre jüngeren Françoise Gilot:

»Es braucht seine Zeit, bis man jung wird.«

Eine andere Anekdote, diesmal aus der deutschen Besatzungszeit. Ein kunstliebender deutscher Offizier besucht Picasso in seinem Pariser Atelier, Rue des Grands-Augustins. Er weist beeindruckt auf das Gemälde »Guernica« – damals noch unbekannt –, das symbolisch die von der Condor Legion zerstörte spanische Stadt zeigt: »Haben Sie das gemacht?« Darauf Picasso: »Nein, Sie!«

Später treffe ich ihn in Saint-Tropez, wo er einen möglichst un-
gestörten Urlaub mit seinen Freunden zu verbringen hofft. Das
letzte, was er braucht, ist dieser junge deutsche Reporter, der ihn
auf der Straße anmacht, einen Blumenstrauß in der Hand:
Picasso:»Was soll ich mit den Blumen?«
Ich verlegen:»Vielleicht daran riechen?«
»Sind Sie verheiratet?«
»Nein, ich bin mit einer Freundin da.«
»Also schicken Sie Ihre Freundin zu mir herüber, ich werde
sie bumsen, und dann können Sie etwas riechen, das weitaus
besser duftet als jede Blume.«
Dazu passend ein Satz, berichtet von einer weiteren Lebens-
gefährtin:»Ich bin nur ein öffentlicher Spaßmacher, dem es
gelungen ist, die Dummheit, die Eitelkeit und die Habsucht sei-
ner Zeitgenossen auszunützen.«

Schließlich ein Gespräch, mir berichtet von dem Filmautor (»Kin-
der des Olymp«) und Chansondichter Jacques Prévert:
Picasso:»Jacques, hast du je etwas von Kunst verstanden?«
Prévert:»Nicht das Geringste.«
Picasso:»Ich auch nicht.«

Abbé **Pierre**

Eigentlich Henri Grouès, französischer Kapuzinerpater, Apostel der Obdachlosen. Hat tausende Behelfswohnungen erstellt mithilfe seiner »Emmaus-Kommunen« von Arbeitslosen, Lumpensammlern und Bettlern:

»Nur von gescheiterten Existenzen kann man das Äußerste verlangen.«

Er kränkelt seit Jahren, hat kaum Stimme mehr, aber:
»Ich gehöre vielleicht zu der Rasse, die die Stärkeren begräbt …«

»Die Liebe ist untrennbar verbunden mit der Wut. Ich bereue weniger die Wutanfälle, die ich ausgelebt habe, als die, die ich aus Höflichkeit unterdrückte.«

»Wir alle schulden zehn Prozent unseres Einkommens der Entwicklungshilfe. Weil sonst die halbe Dritte Welt, diese ausgespuckten Existenzen der Slums und Favelas, bei uns aufkreuzt. Und was wollen Sie dann tun – Mauern bauen? Oder mit Maschinengewehren hineinfeuern?«

In seinem Zimmer kein Bild, kein Kreuz. Nur der Spruch:
»Nicht vergessen zu lieben.«

Samuel **Pisar**

In Polen geboren, internationaler Anwalt in Paris. Berater von Kennedy, Kissinger, Kreisky etc., durch Sonderbeschluss des Kongresses – Lex Pisar – amerikanischer Staatsbürger. Wohnt in Paris an der Avenue Foch, feinste Adresse, seine Nachbarn Arthur Rubinstein, Caroline von Monaco, diverse Botschafter. Ist vielleicht der jüngste Überlebende von Auschwitz:

»Schon in der Todeskammer, ich war gerade vierzehn, sah ich dort zufällig einen Wassereimer mit Bürste herumstehen. Fasse die Bürste, schrubbe den Boden unter den Füßen der Leute, schrubbe mich hinaus ins Überleben ...«

»So pervers es klingt, manchmal geht mir Auschwitz ab. Die Freundschaften. Das komplette Vertrauen in die Freunde. Alles war so klar damals, so intensiv. Jeden Moment musste man lebendig sein, ganz da sein, sonst war man verloren. Umgeben von diesem Wahnsinn, waren wir in uns ganz rein, ganz sauber. Ich habe seitdem nie mehr so gelebt.«

Roman **Polanski**

Eigentlich Raimund Liebling. Polnisch-amerikanisch-französisch-britischer Filmregisseur – »Chinatown«, »Rosemaries Baby«, »Der Pianist« u. a. In seiner Wohnung an der Pariser Avenue Montaigne:

»Liebe und Lust ... Manchmal gehen sie zusammen, manchmal nicht. Und wenn sie zusammengehen, dann ist es – wie sagt man das im Deutschen – Spitze. Und warum sie nicht häufiger zusammengehen? Weiß ich auch nicht. Sex hat viel mit Ihrer Phantasie zu tun, Ihrem Unterbewussten. Die decken sich nicht unbedingt mit dem Gegenstand Ihrer Bewunderung. Manchmal aber doch.«

Kann es vorkommen, dass man eine Frau liebt, und eine andere begehrt?
»Hängt vom Stadium ab. Beim ersten Verliebtsein nicht. Kommt dann die wahre Liebe, dann ist man wieder fähig, untreu zu werden. Du liebst eine Frau, vielleicht deine eigene, und eine andere regt dich auf, gibt dir einen Steifen. Das heißt doch nicht, dass du deine Frau nicht mehr liebst. Aber Sie stellen mir da Fragen, so läppisch, dass man sich beinahe schämt, darauf zu antworten ...«

Ist es also gefährlich, Liebe von Begierde zu trennen?
»Das ist ein rein kulturelles Problem. In unserer Kultur und Religion will man, dass wir uns dabei schuldig fühlen. Manche schneiden sich sogar den Schwanz ab vor lauter Schuldgefühlen.«

Haben Sie die Erfahrung, dass bei der Frau das Geschlechtliche leichter zu Liebe führt als beim Mann?

»Ich glaube, das stimmt. Deswegen muss man sich's schwer über-
legen, bevor man in solch ein Verhältnis einsteigt. Manchmal ist
es verflucht mühsam, seinen Egoismus dabei zu zügeln, aber es
muss sein.«

*Wissen Sie, was es ist, das eine Frau für den einen begehrenswert
macht und für den anderen nicht?*
»Ich glaube, man wird vor allem in der Pubertät auf seinen Typ
fixiert. Ich selbst bin da ein für alle Mal auf sanfte, unschuldi-
ge junge Dinger programmiert worden. Die kleinen Hexen, in
die ich mich zuerst verguckt habe. Wie diese kleine Samantha
in Kalifornien, aber lassen wir das. Mit der eigentlichen Sache
angefangen habe ich aber erst viel später, mit siebzehneinhalb.
Und seitdem bemühe ich mich aufzuholen, richtig, richtig! Ob
ich ein Sexheld war? Sind Sie verrückt? Was verstehen Sie überhaupt darunter?«

Ich meine können Sie zum Beispiel zehnmal hintereinander?
»Lächerlich. Mein Rekord ist achtmal, und damals war ich nicht
älter als zwanzig und sehr verliebt.«

*Wenn die Frauen nicht wüssten, wer Sie sind … hätten Sie dann
denselben Erfolg?*
»Aber mein Ruf ist ja total negativ. Das ist schon kein Ruf mehr,
das ist ein Verruf!«

Die Frauen mögen das aber?
»Ja, die meisten wenigstens. Es reizt ihre Neugier. Frauen sind

immer erpicht auf das Böse. Oder den Bösen. Sie wollen das ausprobieren.«

Und wenn Sie sich zuletzt als besser herausstellen als Ihr Ruf?
»Natürlich sind sie enttäuscht. Man hat dann eben sein Versprechen nicht gehalten. Und nichts nehmen die Frauen einem so übel wie ein gebrochenes Versprechen ...«

»Trotzdem: Man muss von allem, was einem passiert, etwas lernen, dem Guten wie dem Bösen. Ja, ich bin überzeugt, dass es nichts Schlechtes gibt, das sich nicht in etwas Gutes umwandeln lässt – auch diese entsetzliche Tragödie der Ermordung meiner Frau. Ich glaube, wir haben da eine Alchemie in uns, die das Böse in Gutes umschmilzt, die aus Scheiße Gold macht. Und es kann schon sein, dass dies der Zweck unseres Lebens ist.«

Laurens **van der Post**

Südafrikanischer Naturalist, Ethnologe, Schriftsteller. Im Hluhluwe-Reservat bei Durban. Van der Post war im Zweiten Weltkrieg britischer Oberst, zwei Jahre lang japanischer Kriegsgefangener:

»Ich konnte damals meine Leute dazu bringen, dass sie die Japaner nur mehr bemitleideten. Sie waren ja eingekerkert in ihrer Seele, wir aber waren frei in Kopf und Herz … Nach Kriegsende überreicht der Lagerkommandant mir dann sein Schwert mit den Worten: ›Ich trinke auf Ihren Sieg.‹ Die Japaner konnten ihre Erfüllung ja nur in der Katastrophe finden. Ich glaube, ihr Krieg war die unbewusste Suche nach Erneuerung.«

Haben nicht auch die Deutschen eine solche Katastrophe im Tiefsten herbeigesehnt? Ja, selbst Hitler, und er besonders?
»Mag sein. Aber den Deutschen hat niemand dieses Regime aufgezwungen. Es war ihre freie Wahl. Und heute? Wahren Frieden gibt es auf Dauer nur, wenn man seinen Feinden verzeiht. So wie ich den Japanern verziehen habe.«

Müssen jetzt also auch die Juden den Nazis verzeihen?
»Wenn sie ihren inneren Frieden finden wollen, gewiss, so unzumutbar das klingt. Und auch die Deutschen müssen zuletzt sich selbst verzeihen lernen, nicht bloß vergessen, oder verdrängen. Unverziehene Sünden sind gefährlich wie nicht entschärfte Bomben.«

Danach Augenpirsch durch das älteste Wildgehege Afrikas: Geparden, Giraffen, Nashörner.

Laurens: »Die Wildnis ist ein Spiegelbild des Wildgartens unseres eigenen Unbewussten. Beide sprechen sich an. Ohne dieses Gespräch sind wir verloren. Das Ende der Wildnis wäre gleichbedeutend mit dem Ende des Menschen, seiner Rettungsmöglichkeit ... Wir brauchen die Natur, aber ihr selbst sind wir gleichgültig. Wenn morgen der Mensch verschwindet, gibt es nicht eine Pflanze und kaum ein Wildtier, die nicht einen tiefen Seufzer der Erleichterung ausstoßen würden.«

Wir schlagen uns durch die pfadlose Wildnis, angeführt von einem schwarzen Wächter mit Gewehr und Machete. Dann ein Fluss, der einmal ein vergiftetes Fabriksgewässer war, jetzt den Krokodilen und Webervögeln zurückgegeben.

Laurens: »Diese Selbstheilungskräfte der Natur, die auch wir besitzen! Diese rührende Bereitschaft, aus jeder noch so eingezwängten Lage in den Urzustand zurückzukehren!«

Wir stoßen auf drei Nashörner, die unruhig mit den Hinterbeinen scharren, aber uns nicht angreifen.

Laurens: »Sie greifen ja nur an aus Hunger. Oder wenn sie sich bedroht fühlen. Ganz wie wir Menschen auch. Nur dass da etwas im Menschen steckt, das sich dauernd bedroht fühlt. Und in den Nationen. Warum? Wahrscheinlich aus schlechtem Gewissen.«

Sie selber sind jetzt über achtzig. Denken Sie je daran, dass dies Ihre endgültige Fahrt in die Wildnis sein könnte?

»Ich fühle es sehr stark. Darum betrachte ich auch alle diese Pflanzen und Tiere wie zum letzten Mal. Aber man muss sie gleichzeitig auch immer sehen können wie zum ersten Mal. Nur dann empfindet man, dass sich diese Lebensreise gelohnt hat … Worauf alles hinausläuft, wollen Sie wissen? Ich glaube, dass meine Seele irgendwo schwebt zwischen Raum und Zeit. Kein Anfang, kein Ende – die Seele ist jenseits. Und wenn ich richtig gelebt habe, dann wird etwas von diesem elenden Ich, das jetzt hier mit Ihnen herumstreift, sich mit meiner Seele vereinigen. Und das wird das Himmelreich für mich sein.«

Ezra **Pound**

Amerikanischer Lyriker – »Pisaner Gesänge« u. a. Freund und För-
derer von Joyce, Hemingway, Eliot und anderen Zeitgenossen. Im
Zweiten Weltkrieg furioser Antisemit, Propagandist für Mussolini. Zur
Strafe sperren ihn die Amerikaner viele Jahre lang ins Irrenhaus. Gilt
jetzt als schwerer psychiatrischer Fall, schweigt seit Jahren. Heute zu
Besuch – wohl Abschiedsvisite – bei seiner Uralt-Bekannten Natalie
Barney, in ihrem wilden Garten an der Pariser Rue Jacob. Draußen
im Taxi wartend Olga Rudge, Geigerin. Eine der zwei Frauen, mit
denen er sein Leben verbracht hat. Von beiden hat er je ein Kind:

Miss Natalie, warum glauben Sie, dass Pound nicht reden will?
Natalie, mit der Schlagfertigkeit der alten Salonschlange: »Fragen
Sie ihn doch selbst.«

Mr. Pound, haben Sie Heimweh nach den alten Tagen in Paris?
»Nein.«

Waren Sie damals glücklich?
»Ich glaube ja.«

Meinen Sie, dass die Welt zu Ihnen undankbar gewesen ist?
»Nein.«

Sie sind nicht verbittert?
»Nein.«

Sie beklagen nicht, dass man Sie vergessen hat?
»Leider nicht vergessen.«

Möchten Sie Ihr Leben von neuem beginnen?
»Gott! Ja!«

Was würden Sie anders machen?
»Fast alles.«

Glauben Sie, dass Sie zu viel gesagt haben, was Sie nicht hätten sagen sollen?
»Ja. Aber ich habe auch viel Gutes getan.«

Auch viel Böses?
»Wer hat das nicht?«

Zu viel?
»Zu viel.«

Mr. Pound, gibt es noch etwas, das wir wissen sollten? Eine letzte Botschaft?
»Dankbarkeit für alle, die mir halfen ... und Bewunderung für ihren Mut.«

Dann nur noch ein halbverständliches Raunen, etwas wie: »Der Zweifel ist zu spät gekommen, ich weiß, dass ich nichts weiß, aber ich weiß es zu spät.« *Oder so ähnlich.*

Dann endgültiges Schweigen. Olga holt ihn zurück zum Taxi.

Dory **Previn**

Amerikanische Komponistin, Liedermacherin und Sängerin. In ihrem kleinen Haus in den Hollywood Hills. »Wenn ihre Worte dich nicht erreichen, dann bist du unerreichbar«, hat man über sie geurteilt. Oder: »Hätte Marilyn Monroe schreiben können, so wäre sie Dory Previn gewesen.«

»Da kam ein Streifenwagen,
der fuhr hinter mir her.
Bin ich zu schnell gefahren?
Nein, sagte er.
Folgen Sie mir jetzt ruhig,
suchen Sie nicht zu fliehn.
Lady, Sie saßen allein im Wagen
und Sie haben geschrien!«

Es ist der totale Zusammenbruch. Dory kann nicht mehr mit der Eisenbahn fahren, nicht mehr fliegen. Sie sieht sich von Riesenspinnen angegriffen. Was war geschehen?

»Scheue die Mädchen,
die stehn vor der Tür,
schmachtend und blass
mit zwanzig und vier …«

Dory ist zu dieser Zeit verheiratet mit dem erfolgreichen, aus Berlin stammenden Filmkomponisten und Dirigenten André Previn (eigentlich Andreas Priwin). Und das junge Mädchen von 24, das scheu bei ihm anklopft und um Hilfe bittet, weil ihr Auto nicht anspringt, ist die Schauspielerin Mia Farrow. Eine Mia, die eben aus einer Beziehung mit Frank Sinatra aussteigt, und Woody Allen noch nicht kennengelernt hat. Previn verlässt Dory, bekommt Zwillinge mit Mia. Und wird später noch drei weitere Frauen heiraten, zuletzt die Geigerin Anne-Sophie Mutter. Dory ihrerseits landet in der Psychiatrie, rettet sich durch ihre Songs.

»Immer liebe ich einen
mehr als er mich liebt.
Herr Gott, ich wollte bloß einmal
dass es das auch andersrum gibt.
Meine Bücher und Räder schenkte ich her,
und guck, wie ich dabei strahle.
Jetzt bin ich groß, und mein Herz und mein Schoß
sind die Währung, in der ich zahle,
und zahle.
Wie ich es hasse, dass ich so bin,
als ob mir einer das Leben missgönnt.
Ach Mensch, wenn ich mich bloß selber mehr
und dich weniger lieben könnt.«

Dory (verwirrt in ihrem Rotschopf wühlend): »Ich finde mich ja selbst lächerlich. Wissen Sie, was meine größte Besessenheit ist? Das Hollywood Sign dort hinter den Hügeln. Vor Jahren hat sich einmal eine Mary Brown von oben heruntergeworfen. Und ich?«

»Manchmal in einem Traum
verlass ich den irdischen Zoo,
und steig hinauf und hänge mich
vom zweiten Buchstaben O.«

*Natürlich müssen wir unser Gespräch mit Dory, in dem sie uns ih-
re Geschichte erzählt, dort oben stattfinden lassen, da hilft nichts.
Zuerst Tränensturz, dann fasst sie sich mutig. Und nachher:* »Ich
glaube, jetzt kann ich auch wieder einen Zug oder ein Flugzeug
besteigen.«
*Abschied in Dorys Häuschen. Dort, an die Wand geheftet, ent-
decken wir den Spruch:*

»Ich kann nicht weiter,
ich meine, ich <u>kann</u> nicht weiter,
ich schwöre, ich kann wirklich nicht weiter,
und so
werde ich jetzt wohl aufstehen, und
weiter.«

173

Arthur **Rimbaud**

Jugendlicher französischer Dichter, über den ich einen Dokumentarfilm drehen will. Suche gute Übersetzung seines anrührenden Gedichts »Trunkenes Schiff«, finde nichts Brauchbares. Zufällig Zusammentreffen in einem Bistro mit Paul Celan, der mir seine Prosaübertragung empfiehlt. Ich will aber Gereimtes, und mache mich selbst an die Arbeit:

»Jetzt, ich, verlorenes Schiffchen unter der Franse
stürmender Wolken, das jeder Vogel vergaß,
ich, von dem weder die Panzerschiffe noch die Segler der Hanse
je wiederfänden das wasservolltrunkene Aas …«

Rimbaud beginnt ein Liebesverhältnis mit dem älteren – und verheirateten – Dichter Paul Verlaine. Dieser verlässt einmal seine Wohnung am Seineufer, um für seine schwangere Frau Medikamente zu besorgen. Und trifft den herumstreunenden Rimbaud, der ihn ungeniert auffordert, mit ihm auf Wanderschaft zu gehen. »Da folgte ich ihm natürlich.« *Dazu titeln die Zeitungen anzüglich* »Monsieur Verlaine und Mademoiselle Rimbaud«, *während es sich in Wirklichkeit wohl eher umgekehrt verhielt.*

Der neunzehnjährige Rimbaud in seinem Prosatext »Ein Sommer in der Hölle« *über seinen Liebhaber:* »Törichte Jungfrau«. *Über sich selber:* »Höllengemahl«. *Über ihr Verhältnis:* »Drôle de menage«, *komischer Haushalt. Über ihre Zukunft:* »Erbärmliche Brüder, immer auf der Suche nach dem Ort und der Formel«. *Der*

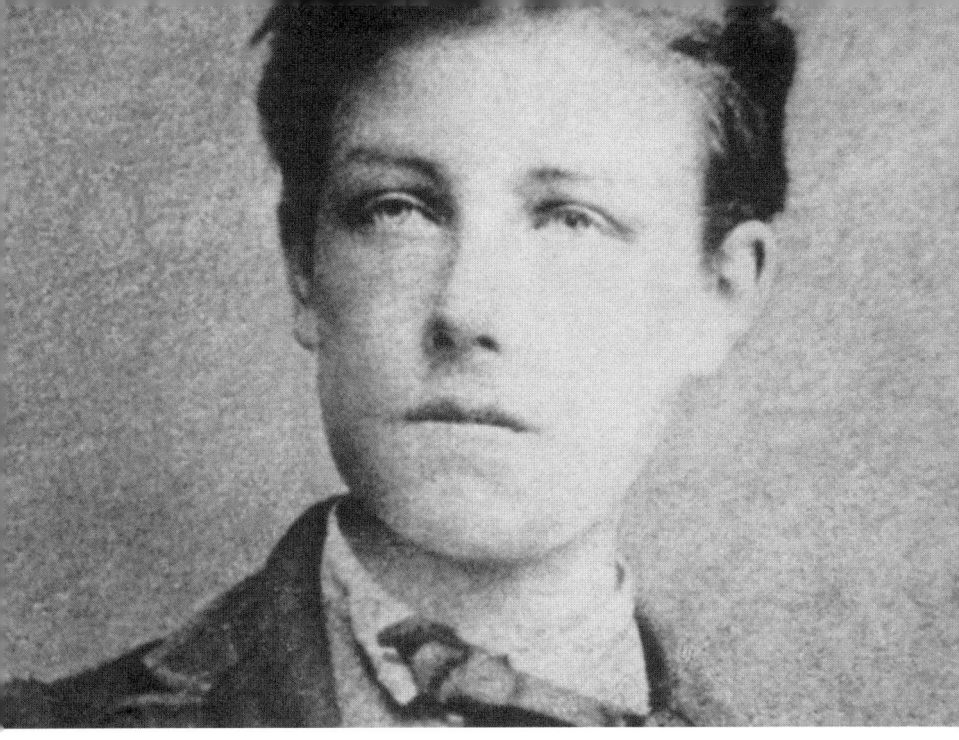

Ort wird zuletzt eine belgische Straße sein, auf der ein eifersüch-
tiger Verlaine seinen »Knaben Satan« mit der Pistole anschießt,
aber nur leicht verletzt. (Immerhin reicht es für zwei Jahre Knast.)
Als jugendlicher Tramp in Paris, wird Rimbaud auch Anhänger
der Kommune. Über den blamablen Deutsch-Französischen Krieg
von 1870/71, der ihr vorausging, schreibt er:
»Was hat es denn, mein Ländchen? Ist es krank? Mein Vater-
land erhebt sich. Ich sähe es lieber sitzen.«
Zu den Friedensverhandlungen in Versailles, die ja zur deutschen
Reichsgründung unter Bismarck führten:
»Das deutsche Volk wird seinen Sieg bitter bezahlen. Diese
Idioten! Jetzt wird eine Führung aus Eisen und Irrsinn den Geist
kasernieren. Fünfzig Jahre unter der Knute!« Ein Zeitraum, der
uns ziemlich genau zum Beginn von Hitlers Aufstieg führt.

Hélène **Rochas**

Pariser Parfumschöpferin, Partymacherin, Modedame:

Madame, bei allen Pariser Gesellschaften ist mir aufgefallen, dass eine Frau, und sei sie noch so schön und elegant gekleidet, aber man sagt's ihr nicht in den ersten fünf Minuten – dass sie dann bereit ist, sich umzubringen. Warum?
»Weil die Frau, auch die emanzipierteste, von Natur aus unsicher ist, verletzbar. Weil sie ihrer Anziehungskraft nie traut. Das Selbstgefühl einer Frau kommt immer von den anderen, egal was sie behauptet.«

Im Grunde dienen also Ihre vielen Partys hauptsächlich dazu, Ihr Selbstgefühl aufzuwerten?
»Stimmt. Nur dass ich eben den Mut habe, mich tausend anderen Frauen zu stellen, die ihr Selbstvertrauen daraus gewinnen, dass sie meines zerstören. Denn je leichter jemand verletzbar ist, desto lieber verletzt er auch andere.«

Nur gut, dass auch Männer eingeladen sind.
»Warum? Die Männer sind nicht viel anders. Und oft gerade solche, die sich für besonders maskulin halten. Wer ist denn Don Juan? Don Juan ist in Wirklichkeit ein Weib, unter falschem Namen ... Apropos Namen, ich suche gerade einen für mein neues Parfum. Etwas das so einschlägt wie ›Femme‹, oder ›Madame Rochas‹. Schwer? Sie haben keine Ahnung, wie schwer das zu finden ist. Etwas Suggestives, das an Luxus gemahnt, an den

Duft von Paris. Halt, haben wir das schon auf der Liste: Duft von Paris? Ach was, ist ohnehin abgeschmackt, verbraucht.«

Madame Rochas, halten Sie sich selbst noch für fähig, nach zehn Jahren Witwenschaft, mit einem neuen Mann zu beginnen?
»Sie kennen mich nicht. Wenn ich liebe, gebe ich mich ganz. Es ist die beglückendste Gabe, die man besitzen kann: sich immer wieder neu zu erfinden.«

Roberto **Rossellini**

Italienischer Filmregisseur von »Rom, offene Stadt«, »Stromboli« u. a. Plant jetzt eine ganze filmische Kulturgeschichte der Menschheit, von Jesus bis zu Marx und Freud. Und zwar als Lehrfilme, authentisch wie die Zeitgenossen es erlebt haben müssen. Also praktisch mit Laiendarstellern und in lauter minutenlangen Totalen. Langweiliger geht's nicht! Charlton Heston und Elizabeth Taylor brauchen erst gar nicht anzufragen. Wir sind in Tunesien. Man dreht den »Messias«. Die hier anwesende Produzentin, Sylvia d'Amico, ist offenbar die neue Gespielin des anderswo mit einer Inderin verheirateten »Maestro« (wie man ihn zu titulieren hat). Und natürlich spürt sie unseren Mangel an Begeisterung. Werden wir je zum Zug kommen? Da plötzlich marschiert, mit ihr an der Spitze, eine Abordnung auf uns zu. Wie es scheint, hat sich der Darsteller des Pharisäers, wohl wegen schlechter Entlohnung, aus dem Staub gemacht. Und ob ich nicht selbst, mit meinem »mediterranen Typ«, allenfalls bereit wäre, in das Kostüm zu schlüpfen und … Danach ist alles für uns geritzt.

Frage an den Meister: Bringt diese Ihre distanzierte Betrachtungsweise wirklich mehr Realität herein als die Tränen der Anna Magnani? Und wird nicht Ihre real existierende Realität, indem man ihr dabei zuguckt, letztlich auch wieder zum Spektakel? Warum dann nicht gleich echtes Kintopp machen, wie früher?
»Ich filme, wie das Auge sieht. Ich schaue nicht, ich lasse mich schauen. Ich will nur noch dienen. Resignation? Alterswahn? Meinetwegen.«

Er erhebt sich mühsam, geht zum Drehort: »Tutti pronti? Motore! Actione!« *Weniger Aktion sah man nie. Ein fader Jesus, wer hätte das je für möglich gehalten?*

Dann die Fortsetzung des Interviews: »Was mich auffrisst, ist mein Wissensdrang, geradezu morbide. Wir erleben doch gerade die Auflösung der christlich-marxistischen Kultur. Und was könnte aufregender sein? Und darstellenswerter? Wie die männliche Zivilisation es so weit gebracht hat.«

Meister, haben Sie selbst die Kunst, Mann zu sein, von der Sie einmal sprachen, inzwischen gelernt?
»Noch nicht. Das Einzige, was ich gelernt habe: mit meinen früheren Frauen in Frieden zu leben. Es gibt da ein, zwei Jahre Krise, man hasst sich, man beschimpft sich. Dann kann man aufs Neue befreundet werden. Was einem heute tragisch vorkommt, ist es übermorgen nicht mehr. Und damit wird man wieder fähig, noch ein bisschen zu leiden.«

Zum Abschluss formulieren wir unsere Bitte, uns den Titel unseres Dokumentarfilms zu ergänzen: »Rossellini, ein Mann der —« *Er sprudelt es geradezu heraus:* »Ein Mann der Dummheit … ein Mann, der sich amüsiert … ein Mann, der sein Leben voll ausleben will … ein Mann, der immer bereit ist, sich zu wandeln, zum Beispiel mit Frauen. Aber dieses Bereitsein macht ja auch das ganze Glück des Menschen aus.«
Der letzte Filmtitel, den ich vorschlage, erfüllt ihn dann geradezu mit Begeisterung: »Rossellini, ein Mann wie jeder andere«.

Arthur **Rubinstein**

Polnischer Pianist. In seiner Luxuswohnung an der Pariser Avenue Foch:

»In meiner Jugend war ich faul. Ich liebte den Erfolg, aber es gab immer Wichtigeres als das Üben: Gute Zigarren, Frauen … Die Frauen, ach ja. Sie sind in mich eingeströmt durch sämtliche Poren. Man lernt die Völker ja nur kennen über ihre Frauen, nicht wahr? Und möglichst viele. Auch über die Musik natürlich. Als Pole bin ich ja geborener Romantiker. Und alle romantische Musik wendet sich an die Frauen. Oder an den Mond, was auf das Gleiche hinausläuft. Und, was wollen Sie: Natürlich sind Musiker unwiderstehlich, ich rede nicht von Komponisten. Wir Aufführer aber sind dann auch die großen Verführer! Die gehen den Frauen direkt in die Magengrube. Oder ins kleine Tierchen, wenn Sie verstehen was ich meine. Die unmittelbare Gefühlsübertragung, das macht die Frauen an.«

Und nicht die Männlichkeit? Oder der Ruhm? Oder die zur Schau gestellte Potenz?

»Hören Sie, da lernte ich doch in Hollywood reihenweise diese Filmgötter kennen, Cary Grant, Clark Gable, Gary Cooper, und wie sie alle zum Verwechseln hießen. Und wer hat die ganzen Ava Gardners ins Bett gekriegt? Natürlich so ein kleiner Musiker wie Frank Sinatra. Die Männer, die saßen eben im Salon herum und lasen sich gegenseitig ihre Kritiken vor. Und da war ich, mit meinen Kraushaaren und Henkelohren, und habe mich für diese

Frauen interessiert! Wollte herausbekommen, was sich in ihnen abspielte. Was meinen Sie, wie das gewirkt hat? Pure Magie!«

Das ist also ihre Anweisung zum Verführen – gute Fragen stellen?
»Und möglichst intime. Und zwar wann immer sich die Gelegenheit bietet, und nicht später. Im Leben darf man nichts aufschieben. Man muss ohne Zögern zugreifen. Glückliche Augenblicke sind ein Himmelsgeschenk … Natürlich blieb ich immer nur der Liebhaber, nie der Gatte. Der Gatte, der muss zur Stelle sein, wenn sie ihre Zustände kriegen, weil sie einen neuen Pickel entdeckt haben. Der Liebhaber ruft erst spät am Vormittag an, bringt Blumen, Konfekt oder kleine Schmucksachen, kennt verschwiegene Lokale. Er ist der Mann fürs Feine.«

Haben Sie sonst noch Rezepte anzubieten, Maestro?
»Aber es gibt ja nur ein Rezept auf der Welt: Sich dem Leben anheimzugeben anstatt gegen das Leben anzuschwimmen. Man kann das Glück gar nicht genießen, wenn man nicht auch sein Unglück akzeptiert. Man muss lernen, das irdische Leben passioniert zu lieben, egal was es bringt.«

Was natürlich sehr viel einfacher ist, wenn man Talent und Moneten besitzt?
»Ach was. Vielleicht kennen Sie die Geschichte von dem orientalischen Fürsten, dem seine Sterndeuter geraten haben, das Hemd eines glücklichen Menschen zu tragen, dann wäre auch er allezeit glücklich. Und wie seine Diener nach langem Suchen den einen glücklichen Menschen finden, da besitzt er kein Hemd!«

»Sehen Sie, ich habe morgen eine gefährliche Operation. Aber haben Sie etwas davon bei mir bemerkt? Nein, ich habe den Tag genossen, der vielleicht mein letzter ist.«

Die Kirche **Saint-Séverin**

Die engen Gassen rund um diesen flamboyanten gotischen Bau am Linken Ufer waren einst Zentrum jugendlichen Nachtlebens, heute verlassen. Früher lag hier am Eingang ein dicker Foliant aus, in den die Gläubigen ihre Wünsche und Gebete an Gott schriftlich vortragen durften. Ich las:

»Um zwei hungrige Mäuler zu füttern« … »Um das Überleben meiner Kranken« … »Um morgen das Mathe-Examen zu bestehen« … *Und einmal:* »Um die Bekehrung eines geliebten Juden.«

Jean-Paul **Sartre**

Französischer Philosoph. In seinem letzten Domizil am Pariser Boulevard Raspail. Ein fragiles, eingeschrumpeltes Männchen tritt auf mich zu, erklärt sich sehr freundlich einverstanden mit einer kommenden Filmaufnahme. Der Mann, der jeden Tag ohne Ausnahme geschrieben hat, kann es jetzt nicht mehr, wegen versagendem Augenlicht. Und wird es auch nicht mehr für die eben gegründete stark linke Tageszeitung »Libération« können, deren Schutzherrschaft er immerhin übernimmt. Aber ob sie ihn vielleicht nur seiner »star power« wegen angeheuert habe, um sich hinter seinem Ruhm zu verschanzen, gebe ich zu bedenken:

»Immer noch besser, mit seinem Ruhm einer guten Sache zu dienen, als wie Freund Heidegger einer bösen.«

Da ich nun einmal beim Sticheln bin, frage ich nach seinem umstrittenen Besuch bei den deutschen RAF-Leuten im Gefängnis Stammheim. Und zitiere den Satz von Victor Hugo: »Das Handeln erlöst uns von der Plage zu denken.« *Ob er sich da nicht etwas getroffen fühle? Er lächelt milde und ausweichend:*
»Für mich ist Denken noch immer das deliziöseste Vergnügen gewesen.«

Noch deliziöser als die Frauen?
»Ich habe wahrscheinlich intensiver über Frauen nachgedacht, als irgendetwas sonst auf der Welt.«

Und zuletzt, da ich ihn geständnisbereit spüre: Meister, man sagt Ihnen einen Märtyrerkomplex nach. Ins Kittchen oder in die Ver-

bannung zu gehen wie Hugo oder Zola, das wäre doch so etwas wie die Krönung Ihres Lebenswerks?

Sartre seufzend: »Ein Traum! Jeder Schriftsteller träumt doch von der einsamen Insel oder Gefängniszelle, wo es nichts mehr gibt zwischen ihm und seinem Papier. Das wäre ja kein Martyrium, es wäre das Himmelreich!«

Am nächsten Tag erhalte ich einen unfreundlichen Anruf von Liliane Siegel, eine von Sartres Haremsdamen und wahrscheinlich im Auftrag von Simone de Beauvoir: Wie ich denn dazu käme, ohne ihr vorheriges Einverständnis mit dem Meister Absprachen zu treffen? Darauf folgen das ziemlich furiose Hinwerfen des Hörers und der Verlust eines guten Interviews. Ich frage mich, ob Sartre den schönen Ausspruch von Goethes Mephisto kennt: »Am Ende hängen wir doch ab von Kreaturen, die wir machten.«

Romy **Schneider**

Österreichisch-französische Schauspielerin. Premiere des elisabethanischen Reißers »Schade, dass sie eine Hure ist« im Théâtre de Paris. Hervorragende Regie von Visconti. Die 1300 Plätze ausverkauft. Starker Erfolg für Romy, auch weil man ihren kleinen deutschen Akzent als elisabethanisch durchgehen lässt. Dann hinter der Bühne mit ihr und Alain Delon, derzeit ihr Lebenspartner, der ihren blutschänderischen Bruder spielt:

Romy (in unwiderstehlicher Mischung aus Triumph und Unsicherheit): »Jetzt bin ich also eine Hure. Ganz wie die Deutschen mich einschätzen, seit ich in Frankreich lebe.« *(Sie kramt anonyme Briefe aus ihrer Handtasche):* »Was erwartet man von mir? Dass ich ewig Sissi bleibe? Und wieso bin ich auf einmal eine Sexualschlampe?« *Dazu Alain, der die Klage kennen muss:* »Ich verstehe zwar kein Wort, aber was immer Romy Ihnen sagt, es ist die reine Wahrheit. Sie kann nicht lügen.«

Ich bemühe mich, mein Interview fortzuführen, ohne auf die fatale Tatsache einzugehen, dass es sich bei den deutschen Schmähungen um puren Sexualneid handeln dürfte: Also die insgeheime Wut, dass die Franzosen »es« besser können als die Deutschen. Und zwar auf anrüchige und durchtriebene Weise, entgegen der deutschen Lauterkeit. Uralte nationale Vorurteile tun sich hier kund. Aufgehängt an eine Wiener Kaiserin, die nie eine zuckersüße verliebte Sissi war, wie in drei Filmen von der halbwüchsigen Romy dargestellt. (Und das zu einer Zeit, als die Deutschen und Österreicher sich nur zu gern eine neue Unschuld aufschminkten.) Sondern eher eine rastlose Halbintellektuelle und vielleicht Lesbierin, die sich so selten wie möglich in der Hofburg blicken ließ.

Dann Jahre später: Wir haben Romy Schneider, jetzt ein berühmter französischer Filmstar, vom Hotel Saint-Régis abgeholt und zu der »péniche«, dem Hausboot auf der Seine, gebracht, das wir als Drehort vorbereitet haben. Romy ist inzwischen verheiratet, ihrem Partner Harry Meyen aber entfremdet. Sie hat einen Sohn, dem sie mit Hintersinn den »jüdischen« Namen David gab (eine spätere Tochter wird sie Sarah nennen) und wirkt so unsicher bis selbstzerstörerisch wie eh und je:

»Von mir kriegen Sie das schlechteste Interview aller Zeiten. In der Rolle bin ich zu allem fähig. Im richtigen Leben eine Niete.«

Natürlich haben wir alkoholische Getränke bereitgestellt, die Romy mit rührender Dankbarkeit heruntergeschluckt:
»Vielleicht macht mich das weniger gehemmt.«

Dann gleich ihre tiefste Verwundung:
»Warum soll ich immer noch Sissi bleiben, nach so vielen Jahren? Es war eine Rolle, weiter nichts.«

Ich wage einen Vorstoß: Romy, vielleicht beruht Ihr Erfolg als französische Charakterdarstellerin aber auch darauf, dass Sie wirklich im Tiefsten diese Sissi geblieben sind? Und so noch aus Ihren verruchtesten Rollen zuletzt das kleine saubere Jungfräulein hervorzwinkert: Habt keine Angst, ich bin es?

Es folgt ein plötzlicher Wutausbruch, der schnell verraucht. Danach schwenkt sie ab auf ihr »eigentliches« Selbst:
»Mein Problem ist, dass ich unweigerlich mein Glück weniger im Kinoruhm suche als, nun ja, in der Liebe. Also in Männern. Und die deutsche Frau muss zum Mann aufblicken können, so ist das. Ich fische also beständig nach dem starken und gleichzeitig sensitiven Mann. Fass ich diesen Kerl einmal, so schenke ich ihm mein Leben! Weil es nämlich das ist, was ich brauche: Die total gerechtfertigte Hingabe!«

Romy, Sie gelten hier als femme épanouie, als reife, sich auslebende Frau. Woher dann diese spürbare Unsicherheit, ja, etwas wie Gejagtsein? Angst wovor?
»Vor Unzulänglichkeit, was sonst. Als Schauspielerin, als Frau, als Mutter. Weil man doch nie so viel gibt, wie man geben sollte und möchte. Ich brauche immer grenzenlose Liebesbeweise, um halbwegs so zu funktionieren wie andere Leute.«

Romy, in ihrem erfolgreichen Film »Der Swimming Pool« gibt es eine Szene, wo Alain Delon eine Gerte abbricht und Ihnen damit eine überzieht. Sieht ja fast so aus, als ob das die Grundlage Ihres Verhältnisses mit ihm wäre?

»So hören Sie doch schon auf! Ich als Masochistin, lächerlich. Das war doch nur eine Filmszene, weiter nichts.«

Haben Sie sie ihm eingegeben?

»Wenn schon. Doch nur um den Film aufzumotzen.«

Das würde allerdings den Vorurteilen der Deutschen gegen Sie weitere Nahrung zuführen. Denn in den Untiefen des deutschen Volksgemüts darf sich ja, glaube ich, der deutsche Mann von der ausgepichten Französin schlagen lassen, aber nicht umgekehrt, stimmt's?

»Ich weiß nicht wovon Sie reden! Ist denn hier nicht irgendwo noch ein Drink zu haben?«

Einige Zeit danach kommt es zum letzten Zusammentreffen mit Romy auf einem Filmset. Sie dreht jetzt nicht weniger als ein halbes Dutzend Filme im Jahr, gute und weniger gute. Woher dieser Druck? Wie stets ist Romy durchdrungen von dem menschenfreundlichen Wunsch, jedem Fragesteller etwas Verwendbares zu bringen, das aber auch ihre intimen Probleme anklingen lässt. Also sagt sie kurz und auf Französisch: »Früher habe ich gelebt, um zu arbeiten – jetzt arbeite ich, um zu überleben.« *Bestimmt nicht weit von der Wahrheit.*

Hanna **Schygulla**

Deutsche Schauspielerin. Viele Filme mit Rainer Werner Fassbinder. Im Garten ihres Pariser Häuschens nahe der Bastille:

Hanna, beim Kennenlernen, worauf achtest du als Erstes in einem Mann?
»Ich schaue sofort auf die Augen, den Blick. Dann die Hände, die Gesten. Und natürlich die Stimme. Ein Mann muss für mich gleich sehr männlich wirken, aber nicht in einer demonstrativen Weise. Das mag ich nicht.«

Hast du einen bestimmten Typ, auf den du abfährst?
»Für mich wäre es eher ein dunkler Mann, ein sinnlicher Mann. Kein hundertprozentiger Intellektueller, denn das verbinde ich mit einem Verlust an Erotik. Etwas Fremdartiges sollte er auch haben.«

Ziehen sich für dich die Gegensätze an, oder gleich und gleich?
»Natürlich die Gegensätze. Und es gibt nur Liebe auf den ersten Blick! Die erste instinktive Reaktion, die in dir hochkommt, sollte man nie ignorieren. Die stellt sich nämlich zuletzt als die richtige heraus. Und das entscheidet sich in Sekundenschnelle.«

Lässt du dich eigentlich gerne verführen?
»Aber dieses Thema ist doch gar nicht mehr aktuell heute. Das gibt's ja kaum mehr. Wie viele Männer sind mir schon weggelaufen, weil sie nicht dazu kamen, mich zu verführen. Indem ich nämlich schneller bereit war, als sie überhaupt wollten!«

Hanna, du bist ja gleichermaßen von Männern wie von Frauen angezogen. Wo liegt da, abgesehen vom Sexuellen, der Hauptunterschied im Liebhaben?
»Eine Frau sollte für mich, und ich für sie, Mutter, Kind und Schwester in einem sein können. Und zwar im Wechselspiel.«

Und der Mann?
»Also wenn ich für einen Mann mütterliche oder schwesterliche Gefühle empfinde, dann ist er für mich gestorben ... Was mich fasziniert ist etwas, das nicht offensichtlich schön ist. Sondern wo die Schönheit erst später aufleuchtet. Ich mag es gern, wenn jemand, Mann oder Frau, etwas Verwunschenes hat, das irgendwie nicht ganz zusammengeht. Und empfinde es dann als magisch, wenn plötzlich da die Schönheit durchkommt.«

Hanna, du warst doch jahrelang mit Rainer Werner Fassbinder zusammen?
»Nee, wir hatten in dieser Hinsicht nie miteinander zu tun. Und trotzdem war's ein erotisch aufgeladenes Verhältnis. Es war das Geniale an ihm, das mich fasziniert hat. Deshalb bin ich auch von Kindern so angetan, weil ich die so genial finde.«

Kann man sich eigentlich wiederholt gleich stark verlieben?
»Viel mehr sogar, wenn man jetzt mal von der erotischen Erregung absieht. Dann wächst die Liebesfähigkeit sogar. Ich denke immer, jede Liebesgeschichte ist so weit gegangen, wie sie gehen konnte. Und in der nächsten geht's dann weiter. Die nächste setzt da an, wo die vorige ungenügend war. So ist das wenigstens bei

mir … Aber ich bin mit dem Wort ›verlieben‹ nicht ganz glücklich. Erlieben würde ich eher sagen, das dann zum Erleben führt … Und das Wichtigste bleibt doch immer die innere Liebesbereitschaft, Liebesfähigkeit. Also den Nächsten so zu lieben wie sich selbst. Gar nicht so einfach. Besonders wenn man sich selbst nicht besonders mag. Wer sich selbst nicht liebt, kann auch den andern nicht lieben. Aber man kann auch über die Liebe zum andern dazu kommen, sich selbst mehr zu lieben. Dich mit dir zu versöhnen.«

Also Selbstrettung über die Liebe zum andern?
»Ja, du machst ihn zu einem Teil von dir, du suchst ihn in dir. Du verstehst ihn, weil du ihn in dir selber verorten kannst.«

Damit konntest du auch den Rainer Fassbinder verstehen?
»Schon, aber nur schwer. Weil er ja der absolute Neinsager war, und ich das Gegenteil. Er hat immer gesagt: Ich schieße auf alles, egal in welche Richtung! Und wenn ihr mich nicht liebt, dann liebe ich euch zweimal nicht! Wohingegen ich immer irgendwie um seine Liebe warb. So haben wir uns auf eine tödliche Art ergänzt. Denn ich hab mich ja auch immer irgendwie gefürchtet vor ihm … Zum Schluss hätte ich sogar das Risiko einer intimen Beziehung auf mich genommen. Aber da war bei ihm bereits nichts mehr möglich … Doch was heißt hier überhaupt geliebt? Das war ja viel mehr! Das war eine schicksalhafte Begegnung, für uns beide!«

Georges **Simenon**

Belgischer Schriftsteller. Über 500 Bücher soll er geschrieben haben, davon an die 75 mit dem gesichtslosen Detektiv Maigret … die genaue Zahl weiß er selber nicht. Sein »Schloss« in Epalinges bei Lausanne, wohin er uns telefonisch geladen hat: ein weißgestrichener Atlantikbunker, ein Krankenbau, eine Wohnmaschine. Alles ist hier durchorganisiert, und läuft auf die sechs Romane hinaus, die er jährlich schreibt. (Früher war es auch schon mal einer pro Woche.) Und gern erzählt er die Geschichte von Alfred Hitchcock, der telefonisch die Rechte an einem seiner Romane erstehen wollte. »Tut uns leid, Monsieur Simenon ist nicht zu sprechen, er arbeitet gerade an einem Roman.« Sagt Hitchcock: »Dann warte ich solange am Apparat.«

Jetzt der Hausherr: Groß, bullig, das Gesicht — wäre da nicht die riesige Brille, man würde es fast für eine Gangstervisage halten. Zeigt uns den Klinikraum: »Werde vor jedem neuen Roman total abgecheckt.« *Zeigt uns das Badezimmer:* »Durch diese Falltür saust jedes verschmutzte Kleidungsstück direkt in die Waschmaschine im Keller.« *Die Bibliothek:* »Jedes meiner Bücher in zehn Exemplaren.« *Das Schwimmbassin —* »das größte Europas in Privatbesitz.« *Alles für die Kinder bestimmt, die allerdings meist abwesend sind. Und die Gattin, die in irgendeiner Anstalt.*

Ja, und nebenher sind da noch die Frauen. »Jedenfalls wurde ich schon mit zwölf entjungfert, von einem 15-jährigen Mädchen. Von sechzehn bis neunzehn hatte ich täglich zwei Frauen zur Verfügung. Und trotzdem fühlte ich mich fast jeden Moment wie ein Jagdhund auf frischer Fährte.« *Er sagt es her ohne jede Prahlerei,*

fast wie einen Krankenbericht: »Sie haben wahrscheinlich von den 10 000 Frauen gehört, die ich gehabt haben soll. Vielleicht stimmt es sogar. Natürlich waren die zumeist Prostituierte. Noch heute lasse ich mir, wenn ich es brauche, ein Callgirl kommen. Wann ich es brauche? Sagen wir jeden Tag, den ich nicht arbeite.«

Simenons entfremdete zweite Frau Denyse schildert in einer Biografie ihren Mann als frenetischen Sensualisten: »In der Hochzeitsnacht, von ihm mitgezählt, siebzehn Mal!« *Dementsprechend seine krankhafte Eifersucht. Gleich anfangs zwingt er sie, sämtliche Kleidungsstücke loszuwerden, die sie vor seiner Zeit getragen hat.* »Vergiss nicht, du bist geboren an dem Tag, als du mich trafst!« *Und wie er erfährt, dass einer seiner Vorgänger Georges hieß, zwingt er sie, ihn von nun an* »Jo« *zu nennen. Weiter im Text:*

»Der Leser empfindet ja meist sein Leben als platt. Genau wie Maigret. Ein Spießer. Deswegen lieben ihn ja auch alle Spießer der Welt. Auch mein Leben wäre platt, gäbe es nicht die Romane, und die Frauen. Frauen sind von jeher mein Produktionsmittel. Ich glaube an die Sexualität. Ich glaube nicht an die Ehe. Eine veraltete Institution. Zu ersetzen durch einen verlängerbaren Pachtvertrag. So wie jetzt schon die Nonnen sich nicht mehr auf Lebenszeit verpflichten müssen. Der Mensch häutet sich. Der Schriftsteller häutet sich mit jedem Buch.«

Danach Einführung in Simenons Romanfabrik. Zuerst die ärztliche Untersuchung. Dann werden auf einen gelben Briefumschlag die Namen und Familienverhältnisse der Protagonisten notiert, notfalls aus dem Brüsseler Telefonbuch. »Natürlich weiß ich noch gar nicht, in welche Schlupflöcher der Verworfenheit sie mich führen werden. Diese Überraschungen, das ist ja der einzige Spaß, den man bei der Sache hat. Nichts vorausplanen, sonst steigt das Unbewusste nicht ein, und dann kann auch nichts Echtes passieren. Ich bin beim Schreiben wie ein Schlafwandler. Ein einziger Laut aus der bewussten Welt, oder auch nur ein Schnupfen, und meine Inspiration macht dicht, verkrümelt sich, das Buch ist gestorben. Kann es nur mehr wegwerfen.«

Was es denn wäre, das ihn so fasziniert an seinen Gestalten und ihren dunklen Geschichten?
»Diese ganzen zwanghaften Schicksale! Der Durchschnittsmensch, konfrontiert mit Ausnahmesituationen. Ich nenne es: Monsieur Dupont im Trojanischen Krieg.«

Meister, Ihre Personen sind doch bestimmt oft Abbilder von wirklichen Menschen, die Sie gekannt haben, oder sogar geliebt? Mit jedem Roman stoßen Sie also echte Menschen von sich?
»Ich stoße sie nicht ab, sie verflüchtigen sich. Wie im realen Leben alle diese Frauen, die man hatte. Es stimmt, mit jedem Buch, das man schreibt, macht man einen realen Menschen zum Gespenst, zum Phantom.«

Und am Ende hat man vielleicht die ganze Welt zu Gespenstern gemacht?
»Stimmt genau. Es ist – wie heißt das bei Ihnen – des Sängers Fluch.«

George **Tabori**

Ungarisch-amerikanisch-deutscher Dramatiker, Drehbuchautor und Regisseur. Gespräch hinter einer Berliner Bühne:

Warum lassen Sie in diesem Stück Stalin von einer Frau darstellen. Ausgerechnet ihn?
»Warum nicht? Er hatte ja viel von dem an sich, was man üblicherweise den Frauen zuschreibt: Misstrauen, die Rachsucht, die dauernde Angst um seine Geltung. Lauter Züge, die man aus innerer Unsicherheit entwickelt. Natürlich sind für mich die Frauen – soweit von uns Männern unverdorben – die einzigen, die nach ihrem Instinkt leben anstatt dem Intellekt. Wie erfrischend!«

Klingt weniger nach Psychologie als einem geschniegelten Aperçu aus einem ihrer Lustspiele.
»Einverstanden. Wir Ungarn waren ja lange Zeit Könige der deutschen Komödie. Und der Unterhaltungsindustrie überhaupt, siehe Molnar, oder Reinhardt, Kishon in Israel, Vidor in Hollywood ...«

Dann anderntags Vortrag in der Berliner Akademie der Künste, deren Mitglied er ist:
»Zuerst möchte ich darauf hinweisen, dass gestern unser Haushund mein Hörgerät verspeist hat. Ich also leider auf Fragen verzichten muss, weil ich sie nicht mitkriege.«

Erzählt danach Geschichten aus Hollywood, wo er als Drehbuchautor erfolgreich war: »Bis wir Ungarn von den deutschen Emigranten verdrängt wurden. Apropos, kennen Sie den? Das spielt

in der berühmten Hollywood-Kantine. Zwei ungarische Script-
writer kommen gegangen, in eifriger Unterhaltung, natürlich auf
Ungarisch. Darauf wütender Protestruf von einem der Tische:
›Sprechen Sie die Landessprache, sprechen Sie deutsch!‹«

Danach, von uns ermutigt, andere einschlägige Anekdoten: »Da
gab es doch diese Schauspieler-Dynastie Schildkraut in Amerika.
Der Sohn, Joseph, gelangte sogar mit einigen dieser römischen
Historienschinken zu gewisser Berühmtheit. Schnitt zu einer
Party bei reichen aber unbedarften Sponsoren. Die Dame des
Hauses: ›Sie haben eine so schöne Stimme. Sie sollten unbedingt
zum Film oder Fernsehen.‹

Der große Mime gekränkt: ›Madam, mein Name ist Schildkraut!‹
›Aber das macht doch nichts. Den können Sie immer noch
ändern.‹«

*Anschließender Herrenabend in einer nahen Kneipe, mit Tabori
in gesteigerter Laune:* »Als es noch literarische Quizsendungen im
Fernsehen gab, ging es einmal um das Thema Shakespeare. Ich
glaube, es war in der Karnevalszeit. Und der Quizmaster verkündet:
›Leute, ich nenne euch jetzt vier Zahlen, ihr wisst schon was die
bedeuten. Gesucht werden also die dazugehörigen Dramen. Seid
ihr bereit? Zehn Zentimeter?‹ Antwort aus dem Publikum: ›Viel
Lärm um nichts.‹ ›15 Zentimeter?‹ ›Wie es euch gefällt.‹ ›20 Zentimeter?‹ ›Was ihr wollt.‹

›25 Zentimeter?‹ ›Ein Sommernachtstraum.‹ Meldet sich
ein Zuschauer aus dem Hintergrund: ›30 Zentimeter!‹ Darauf
der Quizmaster eisig: ›Det is nich von Shakespeare, det is von
Grillparzer: Weh dem, der lügt.‹«

Tierfriedhof

Asnières bei Paris. Inschriften auf den Grabsteinen:

»Meine kleine Puce, immer habe ich gehofft, dass ich der erste bin, der geht.«

»Hier ruht Nounouche, ohne die ich vielleicht nie gewusst hätte, was Liebe ist.«

»Unter diesem Stein liegt ein Herz, das mehr wert war als meines.«

»Wenn es einen Gott gibt, werden wir uns wiedersehen.«

Hier liegen Löwen, Affen, Vögel, Kaninchen, ein Rennpferd, eine Gazelle, eine Füchsin und auch ein Bernhardiner begraben, der am Sankt Gotthard 41 Menschen das Leben rettete. Der 41ste war ein Mann, der ihn für einen Wolf hielt und erstach. Noch ihm hat er mit seiner Blutspur den Weg gewiesen.

»Nun denn, meine kleine Nita, keiner mehr im Haus. Du allein und ich allein.«

»Wenn ich gehe, wird niemand mehr von dir wissen. Wie kann das sein?«

»Hier liegt mein Herz.«

Georg Stefan **Troller**

Filmemacher – »Pariser Journal«, »Personenbeschreibung« –, Autor:

»Jeder Künstler bekommt maximal zehn Jahre, in denen er mit dem Zeitgeist übereinstimmt. Wohl dem, der sie nicht schon in früher Jugend verbraucht.«

Dazu eine Anekdote, betreffend das einmalige Zusammentreffen des alten Goethe mit Napoleon in Erfurt.
  Napoleon: »Ich habe Ihr Buch gelesen. Ich führe es sogar in meiner Reisebibliothek bei mir.«
  Der alte Goethe (sich verneigend): »Welches meiner Bücher, Sire?«
  Napoleon: »Na, den Werther. Haben Sie denn noch andere Bücher produziert?«

Liv **Ullmann**

Norwegische Filmschauspielerin, hauptsächlich für Ingmar Bergman. In ihrem Häuschen am Sund von Oslo. Werde zuerst begrüßt von ihrer und Ingmars Tochter Linn, die mit einem Radschlag aufwartet. Wie um dich wissen zu lassen, dass sich auch noch andere Talente in dieser Familie finden. (Sie wird später eine erfolgreiche Autorin werden.) Dann Auftritt des ungeschminkten, recht unvorteilhaft gekleideten Stars. Hilft alles nichts. Schon hängt man an ihrem Gesicht – das Bare daran, das Verletzliche, die Innerlichkeit. Ist sie eigentlich nur das Seelenobjekt der Männer, wie Marilyn ihr Sexobjekt? Begrüßung. Danach Liv kramend in Stößen von Fotos, den trauten Überresten ihrer fünfjährigen Beziehung zu Ingmar:

»Für mich war er Gott. Ich bewunderte ihn und graulte mich zu Tode. Diese Gefühlseruptionen bei ihm! Dieses Verständnis für Frauen! Aber da war ja auch diese physische Schwäche, dass er seinen Stuhl nicht halten konnte. Musste jederzeit Zugang zum Badezimmer haben. Und einmal war ich selber drin. Da trat er die Tür mit solcher Wucht ein, dass sein Pantoffel in die Klomuschel segelte. Und er fand das noch nicht einmal komisch. Keinerlei Humor.«

Aber sein großer Film mit Ihnen, »Szenen einer Ehe«, steckt doch voller subtilem Humor? Man könnte fast glauben, dass Ingmar sich irgendwie bei mir zu Hause eingeschlichen hat, um unterm Bett versteckt die Dialoge mitzuschreiben!
»Also Sie auch? Weil mir nämlich bisher jeder dasselbe gebeichtet hat! Ingmar hatte immerhin fünf langjährige Beziehungen,

neun Kinder. Er wusste alles. Und natürlich brach mir dann die Trennung das Herz, weinte Ströme von Tränen. Bis ich mir sagte: Als Künstlerin ist das vielleicht gar nicht so schlecht für dich. Pas mal du tout.«

Wir überreden Liv, mit Ingmar auf seiner Insel zu telefonieren. Sie: »Das dürfen Sie mir aber nicht mitdrehen. Wenn er das herausfindet, dann ermordet der mich. Er hasst die Presse.« *Und wenn Sie es ihm nicht preisgeben? Ein Aufschrei:* »Aber ich kann doch nicht lügen!« *Und natürlich drehen wir dann die Szene. Am Apparat eine errötende, geradezu schulmädchenhaft verdatterte Liv, die ihm immerhin vorlügt, dass sie hier allein dasitzt und wir erst morgen früh eintreffen.* Er: »Geiles Presseweib!« *Darauf bei ihr ein sinnliches Kichern, das jeden Draht zum Schmelzen bringen könnte.*

Im Abendrot gehe ich schließlich mit ihr hinaus zum glitzernden Sund. Liv: »Ich verstehe nicht, warum Sie nicht einfach laut herausschreien vor Glück in diesem Moment!« *Worauf ich mich nur mit Mühe bremsen kann, mein komplettes Leben vor ihr auszubreiten.*

Dann beim Heimweg sinniert Liv: »Wissen Sie was? Mir scheint, nach fünf Jahren Ehe waren Ingmar und ich uns so ähnlich, dass er sich in mir wiederfand wie in einem Spiegel. Brauchte er mich überhaupt noch? Worauf er im Letzten aus war, glaube ich: die Frau herauszubringen, die in ihm selber steckte.«

Die **Unbekannte**

Am Strand bei den Filmfestspielen von Cannes:

»Sie sind doch der vons Fernsehen
… aus Paris
… wie heißt er gleich?«

Sir Peter **Ustinov**

Britischer Filmautor, Darsteller und Histörchenerzähler. Im Pariser Restaurant Allais:

»Ein Film über mich? Der nur aus Anekdoten besteht? Warum nicht. Auch recht. Wissen Sie, was der große Billy Wilder mir einmal gesagt hat? Wir alle starten ja als fabelhafte Drehbuchautoren und Regisseure. Und wir enden als Anekdotenerzähler.«

Doña Lucha **Villa**

Angebliche Witwe, jedenfalls nur eine von vielen, des legendären Reiterhelden der mexikanischen Revolution, Pancho Villa. In ihrem kleinen Privatmuseum in Mexico-Stadt auch der berühmte Anschlag, den Villa damals in ganz Texas verteilen ließ:

»Achtung, Gringos! Für Geld und Ruhm, kommt über die Grenze und reitet mit Pancho Villa, el liberador de Mexico. Wochensold in Gold. Januar 1915, Viva Villa.«

Danach Gespräch mit Dona Lucha. Im Hintergrund der Dodge, die uralte amerikanische Kiste, in der Villa 1923 hinterrücks erschossen wurde. Gegen eine kleine »mordida« (Trinkgeld) steckt die runzlige Dame ihre Finger durch die Einschusslöcher in der Hose. Dazu:

»Ich bin seine einzige Frau, seine Legitime. Als solche hat man mich einmal sogar nach Hollywood eingeladen. Der Typ, der da meinen Mann spielen sollte, war aber viel zu dick. Mein Mann war nie dick. Und ist auch nie mit so vielen Frauenzimmern ins Bett gegangen wie in diesem Film. Seit unserer Hochzeit hat er überhaupt nur noch mich geliebt. Glauben Sie mir! Ich war ja soo schön!«

Roswitha **Völz**

Deutsche Tänzerin, u. a. Lido Paris, FS-Sendefolge »Raumpatrouille Orion«. Sechzig Jahre verheiratet mit dem Schauspieler Wolfgang Völz:

»Die Liebe ist einfach alles! Ich glaube, es gibt keine wirkliche Beschreibung dieses Gefühls, wie beim Orgasmus. Viele Dichter haben wunderbare Worte dazu gefunden – ich frage mich aber, ob sie sich nicht eher ihre unerfüllten Träume und Erwartungen von der Seele schrieben.«

»Mit der Liebe muss man behutsam umgehen, sie ist zerbrechlich.«

»Wenn zwei sich lieben, sollten sie nicht zu viel darüber reden, das nimmt immer etwas weg.«

»Wer liebt, sollte die Liebe leben, ganz und in Dankbarkeit. Es kommt selten genug vor.«

Gibt es eigentlich noch sexuelle Begierden, wenn man die achtzig überschritten hat?
»Ja, und wie! Wenn das einmal aufhören sollte, lebe ich nicht mehr!«

Haben Sie Ihre Lieblingssprüche zu diesem Thema, nach denen Sie leben?
»Willst du geliebt werden, so liebe!«

»Ich gehöre zu dir, aber ich gehöre dir nicht.«

»Liebe ist ein Glas, das zerbricht, wenn man es zu unsicher anfasst … oder auch zu fest!«

»Eine gute Ehe besteht aus einer stärkeren Hälfte, und einer besseren Hälfte.«

»Und schließlich noch ein Spruch vom Standpunkt des Mannes … oder sagen wir gewisser Männer: Frauen könnten noch viel reizender sein, wenn man in ihre Arme fallen könnte, ohne in ihre Hände zu fallen.«

Bildnachweis

akg-images: S. 28 (CDA / Guillemot), 56 (Walter Limot), 66 (Heritage-Images / Keystone Archives), 68 (Album), 70, 84 (Paul Almasy), 86 (TT News Agency / SV), 132 (Paul Almasy)

Alamy Stock Photo: S. 30 (Lebrecht Music & Arts), 35 (Keystone Press)

mauritius images: S. 17 (Photo 12 / Alamy), 31 (Photo 12 / Alamy), 50 (Collection Christophel), 73 (United Archives), 88 (United Archives), 98 (Francis Specker / Alamy), 104 (Nik wheeler / Alamy), 126 (United Archives), 130 (Collection Christophel), 135 (United Archives), 146 (Photo 12 / Alamy), 153 (United Archives), 166 (Robert Estall photo agency / Alamy), 177 (EDB Image Archive / Alamy), 184 (Fotofacade.com / Alamy), 202 (Andrzej Gorzkowski Photography / Alamy)

Picture alliance: S. 24 (akg-images / Hugues Vassal | akg-images / Hugues Vassal), 26 (Globe-ZUMA), 32 (Bildarchiv), 39 (Bildarchiv), 46 (Daniel Frasnay / akg-images), 48 (UPI), 59 (PictureLux/The Hollywood Archive | Cinema Publishers Collection / The Hollywood Archive), 63 (KEYSTONE | STR), 78 (Abaca Calo-Ef 90889), 80, 92 (akg-images / Paul Almasy), 97 (Fotoreport), 102 (United Archives/Pilz | Siegfried Pilz), 106 (Bildarchiv), 116 (akg-images), 119 (akg-images), 122 (akg-images), 137 (Bildarchiv), 138 (Fred Stein), 142 (dpaweb | epa PA), 156 (IMAGNO/Franz Hubmann), 164 (akg-images / Binder), 175 (CPA Media Co. Ltd), 179 (Leemage), 192 (Horst Ossinger), 196 (Bildarchiv), 200 (Berliner_Kurier | Uhlemann Thomas), 210 (UPI)

Norbert Schmidt: S. 8

Georg Stefan Troller: S. 2, 10, 13, 15, 18, 20, 22, 39, 41, 42, 45, 47, 53, 61, 76, 90, 94, 99, 100, 109, 112, 115, 125, 128, 139, 141, 145, 149, 151, 158, 160, 168, 173, 179, 182, 186, 189, 204, 206, 208, 213, 214, 216

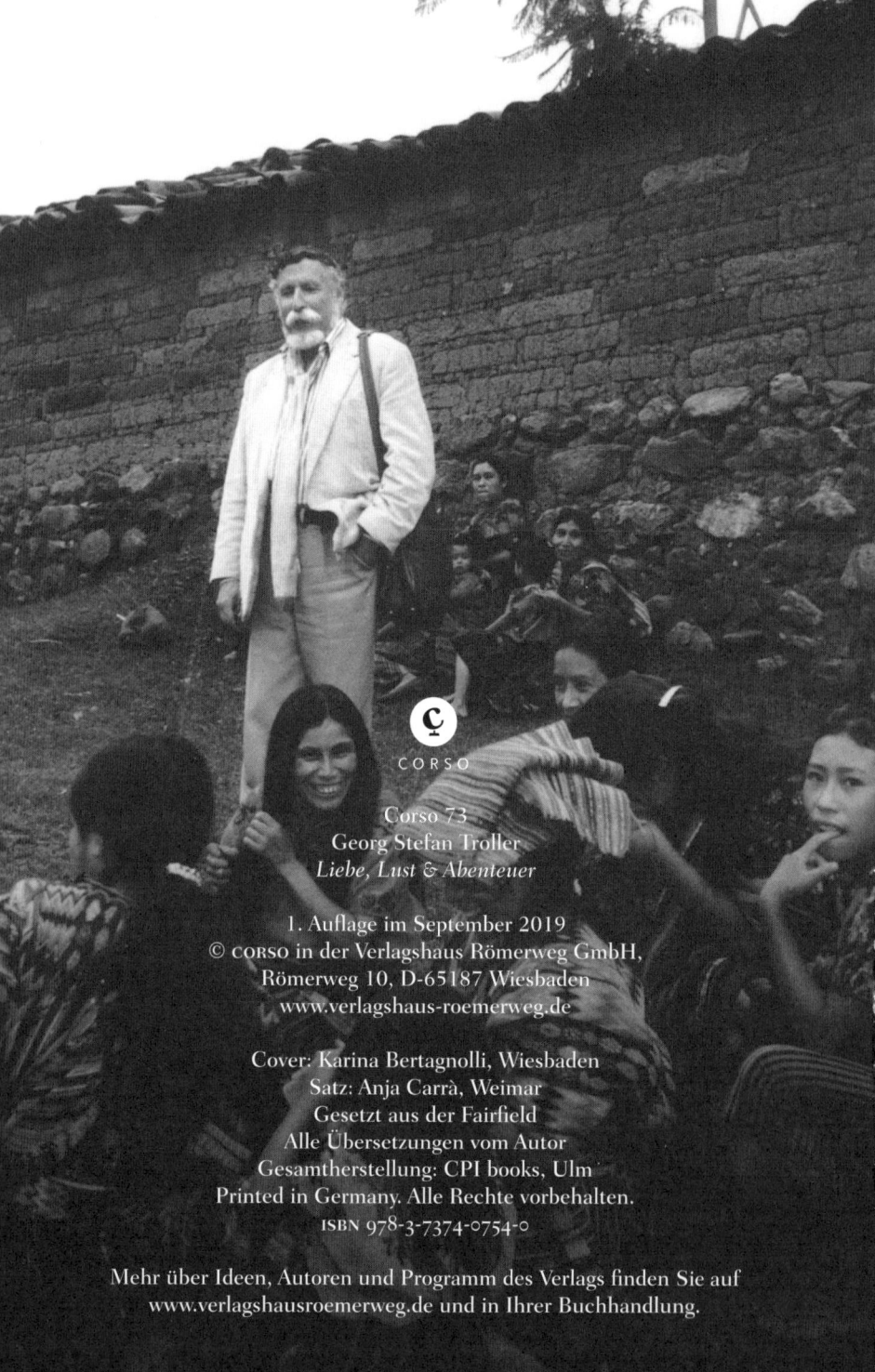

CORSO

Corso 73
Georg Stefan Troller
Liebe, Lust & Abenteuer

1. Auflage im September 2019
© CORSO in der Verlagshaus Römerweg GmbH,
Römerweg 10, D-65187 Wiesbaden
www.verlagshaus-roemerweg.de

Cover: Karina Bertagnolli, Wiesbaden
Satz: Anja Carrà, Weimar
Gesetzt aus der Fairfield
Alle Übersetzungen vom Autor
Gesamtherstellung: CPI books, Ulm
Printed in Germany. Alle Rechte vorbehalten.
ISBN 978-3-7374-0754-0

Mehr über Ideen, Autoren und Programm des Verlags finden Sie auf
www.verlagshausroemerweg.de und in Ihrer Buchhandlung.